ERP 沙盘模拟实训教程
——用友手工沙盘+创业之星电子沙盘

主编 薛立刚 贾芳芳

西安交通大学出版社
XI'AN JIAOTONG UNIVERSITY PRESS

图书在版编目(CIP)数据

ERP 沙盘模拟实训教程:用友手工沙盘＋创业之星电子沙盘 / 薛立刚,贾芳芳主编. — 西安：西安交通大学出版社，2024.1
 ISBN 978-7-5693-3643-6

Ⅰ.①E… Ⅱ.①薛… ②贾… Ⅲ.①企业管理－计算机管理系统－高等学校－教材 Ⅳ.①F272.7

中国国家版本馆 CIP 数据核字(2024)第 009918 号

书　　名	ERP 沙盘模拟实训教程:用友手工沙盘＋创业之星电子沙盘
	ERP SHAPAN MONI SHIXUN JIAOCHENG YONGYOU SHOUGONG SHAPAN+CHUANGYE ZHIXING DIANZI SHAPAN
主　　编	薛立刚　贾芳芳
责任编辑	魏照民
责任校对	张静静
封面设计	任加盟
出版发行	西安交通大学出版社 (西安市兴庆南路1号　邮政编码 710048)
网　　址	http://www.xjtupress.com
电　　话	(029)82668357　82667874(市场营销中心) (029)82668315(总编办)
传　　真	(029)82668280
印　　刷	陕西奇彩印务有限责任公司
开　　本	787mm×1092mm　1/16　印张 12.125　字数 303千字
版次印次	2024年1月第1版　2024年1月第1次印刷
书　　号	ISBN 978-7-5693-3643-6
定　　价	39.90元

如发现印装质量问题，请与本社市场营销中心联系。
订购热线:(029)82665248　(029)82667874
投稿热线:(029)82665379
读者信箱:8987899804@qq.com

版权所有　侵权必究

本教材系丽江文化旅游学院校级重点教改项目《ERP 沙盘模拟实训》教材建设(项目编号:XZJG202108)成果

前言

"ERP沙盘模拟"是目前高等院校经济管理类学科普遍开设的一门企业经营管理实训课程。"ERP沙盘模拟"课程体验式教学方法获得受训者的广泛认可,成为继传统教学与案例教学之后的一种新的教学尝试。"ERP沙盘模拟"课程及其教学方法不仅适用于高等院校经济管理专业及其他专业的实训教学,亦适用于企业开展旨在提升管理水平、训练管理技能的各类培训。为了使学生能更好地把握课程的精髓,目前国内各大机构相继举办了形式多样的企业沙盘模拟竞赛。比如教育部高等教育司主办的全国大学生工程训练综合能力竞赛——企业运营仿真大赛,高等学校国家级实验示范中心主办的"学创杯"全国大学生创业综合模拟大赛,以及"新道杯"ERP沙盘模拟企业经营大赛等。这些赛事均在国内产生了较大影响。本书在详细介绍物理沙盘的基础上,对标"学创杯"大学生创业综合模拟大赛,融入"创业之星"的电子沙盘,以期学生在比赛时能够加以借鉴,对提高比赛成绩有一定的帮助作用。

本书课前导读部分简要地介绍了"ERP沙盘模拟"课程的特色、如何开展实施及收益等。正文部分共分为5个模块:(1)引导建立企业竞争组织并对企业竞争规则进行综述;(2)介绍模拟企业的现状和盘面初始状态的设定,开始教学年的学习经营;(3)通过模拟一个企业6年的经营过程,帮助读者体验企业业务流程与经营管理全过程,总结与提炼企业经营的策略;(4)介绍"创业之星"电子沙盘的操作与规则;(5)结合教学和沙盘大赛的数据,选取物理沙盘和电子沙盘的案例进行分析,帮助大家总结经验,真实地感悟企业经营管理的真谛。另外,附录A给出了"ERP沙盘模拟"的运营表;附录B给出了企业经营模拟中用到的辅助操作、计算工具表；附录C和D给出了4年、6年、8年的市场预测和对应的运营规则。

"ERP沙盘模拟"采用了一种全新的教学方法，既能让受训者全面学习、掌握经济管理知识，又可以充分调动受训者学习的主动性；同时，让受训者身临其境，真正感受一个企业经营者直面的市场竞争的精彩与残酷，承担经营风险与责任，并由此提高受训者经营管理方面的综合素质与能力。

本书是"ERP沙盘模拟"课程的实训用书，分为3个不同的教学阶段。第一阶段是"ERP沙盘模拟"物理沙盘教学实训，达成感性认知企业、了解管理岗位的教学目标；第二阶段是在感性认知的基础上进行物理沙盘经营的持续训练，本书根据不同的教学学时需求，提供了4～8年的创业沙盘市场预测和经营规则，以供沙盘经营能力的提高训练；第三阶段是基于"创业之星"电子沙盘的企业经营模拟对抗，达成创业认知、理性经营的教学目标。

本书系丽江文化旅游学院校级重点教改项目《ERP沙盘模拟实训》教材建设（项目编号：XZJG202108）成果，由丽江文化旅游学院薛立刚（编写第2章、第3章、第4章、第5章、第7章）、贾芳芳（编写第1章、第6章）担任主编并统稿，彭春芳、陈爽、许雪、石功雨、唐和、段颖芳、杨锦凤、李琼媛参加了部分内容的编写和文字校对工作，在此表示深深的感谢和敬意。本书的编写也得到了杭州贝腾科技有限公司创业之星软件平台的大力支持，在此深表感谢。

由于作者水平有限，书中难免存在疏漏之处，敬请读者批评指正。

编　者

2023年10月

目录

第1章　导论 ……………………………………………………… 001
　1.1　ERP 沙盘的由来 ………………………………………… 002
　1.2　"ERP 沙盘模拟"释义 …………………………………… 003
　1.3　课程特色 ………………………………………………… 004
　1.4　课程内容与实施 ………………………………………… 005
　1.5　课程目标与收益 ………………………………………… 010

第2章　实训准备 ………………………………………………… 013
　2.1　沙盘推演教具 …………………………………………… 013
　　2.1.1　沙盘盘面 …………………………………………… 013
　　2.1.2　推演道具及单位 …………………………………… 016
　2.2　团队组建 ………………………………………………… 018
　　2.2.1　组建高效的团队 …………………………………… 018
　　2.2.2　角色分配与定位 …………………………………… 019
　　2.2.3　角色职责详解 ……………………………………… 020
　　2.2.4　公司成立及CEO就职演讲 ………………………… 022
　2.3　领会规则 ………………………………………………… 023
　　2.3.1　财务规则 …………………………………………… 023
　　2.3.2　市场规则 …………………………………………… 026
　　2.3.3　生产规则 …………………………………………… 030
　　2.3.4　采购规则 …………………………………………… 031

第3章　起始年设置 ……………………………………………… 033
　3.1　模拟企业简介 …………………………………………… 033
　　3.1.1　模拟任务 …………………………………………… 033
　　3.1.2　经营状况 …………………………………………… 033
　　3.1.3　市场环境 …………………………………………… 034

3.2 企业初始状态设定 ………………………………………………………… 034
3.2.1 财务初始状态描述 ……………………………………………………… 034
3.2.2 沙盘盘面初始状态设定 …………………………………………………… 036

第4章 学习经营 ………………………………………………………………… 039
4.1 经营过程概述 ……………………………………………………………… 039
4.2 起始年运行提示 …………………………………………………………… 041
4.3 起始年经营实录 …………………………………………………………… 041
4.3.1 年初工作 ……………………………………………………………… 043
4.3.2 每季度日常运营工作 ………………………………………………… 044
4.3.3 年末工作 ……………………………………………………………… 050
4.4 报表填法 …………………………………………………………………… 052
4.4.1 应收款登记表 ………………………………………………………… 052
4.4.2 公司贷款申请表 ……………………………………………………… 053
4.4.3 市场开拓、产品研发登记表 ………………………………………… 054
4.4.4 公司采购登记表 ……………………………………………………… 055
4.4.5 利润表 ………………………………………………………………… 056
4.4.6 资产负债表 …………………………………………………………… 056

第5章 实战中成长 ……………………………………………………………… 060
5.1 企业经营的本质 …………………………………………………………… 060
5.1.1 企业生存 ……………………………………………………………… 061
5.1.2 企业营利 ……………………………………………………………… 062
5.2 企业经营策略分析 ………………………………………………………… 064
5.2.1 战略 …………………………………………………………………… 064
5.2.2 市场 …………………………………………………………………… 066
5.2.3 广告与选单 …………………………………………………………… 069
5.2.4 产品 …………………………………………………………………… 071
5.2.5 生产 …………………………………………………………………… 073
5.2.6 采购 …………………………………………………………………… 077
5.2.7 财务 …………………………………………………………………… 078
5.2.8 报表问题检查 ………………………………………………………… 083
5.3 实训成绩的评定 …………………………………………………………… 084
5.3.1 实训成果 ……………………………………………………………… 084
5.3.2 学生表现 ……………………………………………………………… 084
5.3.3 反思与总结 …………………………………………………………… 084

第6章　创业之星电子沙盘对抗 ··· 086

6.1　平台介绍 ··· 086
6.2　系统登录 ··· 087
6.3　实验控制 ··· 090
6.4　学员模拟经营操作 ··· 093
6.5　创业之星沙盘规则 ··· 098
6.5.1　经营概述 ··· 098
6.5.2　数据规则 ··· 099
6.5.3　消费群体 ··· 100
6.5.4　设计研发 ··· 103
6.5.5　生产制造 ··· 103
6.5.6　市场营销 ··· 109
6.5.7　评分说明 ··· 111
6.5.8　季度结算 ··· 112

第7章　案例分析 ··· 114

7.1　ERP沙盘教学案例分析（手工沙盘） ··· 114
7.1.1　H公司1～6年经营策略分析 ··· 116
7.1.2　H公司运营策略评价 ··· 118
7.2　ERP沙盘模拟大赛案例分析（创业之星电子沙盘） ··· 119
7.2.1　四季度经营策略分析 ··· 120
7.2.2　总结与反思 ··· 125
7.3　学员感言 ··· 129

附录 ··· 134

附录A　企业运营表 ··· 135
附录B　企业经营所用各项表单 ··· 163
附录C　市场需求预测 ··· 169
C-1　6年市场需求量及价格预测图 ··· 169
C-2　8年市场需求量及价格预测表 ··· 171
C-3　4年市场需求量及价格预测表 ··· 173
附录D　沙盘规则汇总 ··· 174
D-1　ERP沙盘模拟经营规则（6～8年） ··· 174
D-2　创业沙盘模拟经营规则（6～8年） ··· 177
D-3　创业沙盘模拟经营规则（4年） ··· 180

参考文献 ··· 183

第 1 章 导论

这是管理者经营理念的"实验田"、管理者变革模式的"检验场",即便失败,也不会给企业和个人带来任何伤害。

这是一场商业实战,"六至八年"的辛苦经营把每个团队的经营潜力发挥得淋漓尽致。在这里可以看到激烈的市场竞争、部门间的密切协作、新掌握的经营理念的迅速应用、团队的高度团结。

在模拟训练过程中,胜利者自会有诸多经验与感叹,而失败者则更会在遗憾中体悟和总结。

您是不是常常被这些问题所困扰?

◈如何增强研发、生产、市场营销、销售、服务人员对相互工作的支持和理解?

◈如何使高级管理团队中拥有丰富经验的"经验派"与经过系统管理训练的"学院派"取得交流的契合点,提供更合理的决策建议?

◈如何改变各个部门缺乏全局观念,只强调自身重要性,抢夺资源的现状?增强部门间的沟通与协调?

◈面对激烈的市场竞争,如何合理分配有限的资源?

◈如何合理地调动资金,控制成本,争取最大的经济利益?

◈如何通过培训使团队成员快速地掌握管理理论,并能真正应用于实际管理工作中?

管理大师德鲁克说:"管理是一种实践,其本质不在于'知'而在于'行';其验证不在于逻辑,而在于成果;其唯一权威就是成就。"现代企业中,对过程进行管理的年代已经结束,取而代之的是关注最终结果的管理思维。如何以结果为导向,实施简单有效的方法,是现代管理要研究和追求的目标。而这种为结果而工作,追求卓有成效的工作效果的学习只能通过实践的积累,通过实践感悟进行。

1.1　ERP 沙盘的由来

沙盘一词源于军事,它采用各种模型来模拟战场的地形及武器装备的部署情况,结合战略与战术的变化来进行推演。这种方法在军事上获得了极大的成功。在古代战争中,根据地形图、实地地形,按一定的比例关系用泥沙、兵棋和其他材料堆制的模型起到军事演练的作用,这就是沙盘的军事运用(如图 1-1 所示)。沙盘具有立体感强、形象直观、制作简便、经济实用等特点。

图 1-1　军事沙盘

商场如战场! 瑞典皇家工学院的克拉斯·梅兰(Klas Mellan)于 1978 年开发了企业运营沙盘模拟课程,其特点是采用体验式培训方式,遵循"体验→分享→提升→应用"的过程达到学习的目的。ERP 沙盘模拟演练一经问世便迅速风靡全球。现在国际上许多知名的商学院(例如哈佛商学院、瑞典皇家工学院等)和一些管理咨询机构都在用 ERP 沙盘模拟演练,对职业经理人、MBA、经济管理类学生进行培训。沙盘模拟训练已成为世界 500 强企业经营管理培训的主选课程,以期提高受训者在实际经营环境中的决策和运作能力。

20 世纪 80 年代初期,该课程被引入我国,率先在对企业中高层管理者的培训中使用并快速发展。在当代企业中沙盘是用道具、卡片等形式来模拟企业各个环节及步骤,并进行运营推演。越来越多的企业管理层用沙盘来推演企业运营(如图 1-2 所示),企业越发展,沙盘越重要。

21 世纪初用友、金蝶等软件公司相继开发出了 ERP 沙盘模拟演练的教学版,并将它推广到高等院校的实验教学过程中。现在,越来越多的高等院校为学生开设了"ERP 沙盘模拟"课程,并且都取得了很好的效果。本教材所介绍的是用友公司推出的"ERP 沙盘模拟演练"的版本。

目前,沙盘推演已经得到普遍推广。ERP(enterprise resource planning),即企业资源规

图1-2 企业管理沙盘的应用

划,也就是我们所说的企业模拟经营沙盘实训。

ERP沙盘,是企业资源规划沙盘的简称,也就是利用实物沙盘直观、形象地展示企业的内部资源和外部资源。通过ERP沙盘可以展示企业的主要物质资源,包括厂房、设备、仓库、库存物料、资金、职员、订单、合同等各种内部资源,还可以展示包括企业上下游的供应商、客户和其他合作组织,以及为企业提供各种服务的政府管理部门和社会服务部门等外部资源。一般来说,ERP沙盘展示的重点是企业的内部资源。

1.2 "ERP沙盘模拟"释义

ERP沙盘模拟是针对ERP系统设计的融入角色体验的一个商业模拟平台。在这个平台上将企业内外环境抽象简化成一系列规则,融入不可预知的市场变数,由参与者组成N个相互竞争的虚拟企业,全真模拟一个企业从市场分析、战略制定、营销策划、组织生产、财务管理等一系列运营过程。

从理论上说,"ERP沙盘模拟"就是将实物沙盘和ERP管理理念相结合,通过构建仿真企业环境,模拟真实企业的生产经营活动,集成企业的所有资源(涉及厂房、设备、物料,还包括人力资源、资金、信息等,甚至还包括企业上下游的供应商和客户资源),通过计划、决策、控制与经营业绩评估等手段对这些资源进行全方位和系统化的管理,以实现资源的优化配置,使企业流畅运转,从而达到商业上的成功。

在实际操作中,可以将"ERP沙盘模拟"课程的背景设定为若干个基础状况完全相同的生产型企业。参加训练的学员可分成6~8个团队(小组),各代表同一行业存在竞争关系的不同虚拟企业;每组5~8人,分别担任公司的总经理(CEO)、财务总监(CFO)、市场总监(CMO)、生产总监(COO)、采购总监(CPO)等。每个团队经营一家拥有一定资产的销售良好、资金充裕的虚拟公司,连续从事6~8个会计年度的经营活动,对企业在经营管理中的产品研发、市场预测、组织生产等一系列活动进行对抗演练。

模拟每个公司的团队都面对同行竞争对手(其他学员小组)、产品老化、市场单一化等的重大挑战,在挑战中将根据自身的实际情况采取不同的应对策略。例如在企业的整个运营过程中,如何分析外部环境、如何制定战略规划、如何有效实施计划、需要开发哪些市场、何时进行产品研发、如何组织生产、如何控制成本、如何决策等,以期在激烈竞争中将企业向前推进、发展。最后以一定的指标综合评价各个团队所模拟公司的经营状况,并按经营状况的好坏评出参赛团队的名次。

总体来说,ERP沙盘模拟强调学生投入的主动性,目的在于培养学生亲自动手解决企业实际问题的能力,核心价值在于让参与者感悟正确的经营思路和管理理念,进行动态管理,实时控制,从而实现企业财务、业务一体化,实现信息流、物流和资金流的协调统一。

1.3 课程特色

1. 体验式学习

目前,我国的管理课程一般都以理论+案例为主,侧重于分析和总结,很难让学生迅速掌握这些理论并将其应用到实际工作中。本书对应的课程的讲授方式与传统的灌输式授课方式最大的不同是通过体验式的互动学习,让学生通过"做"来"学",以真实的感受来体会深奥的商业理论,看到并触摸到商业运作的模式,从而将复杂抽象的商业理论以最直观的方式来体验和学习,直探经营本质。

2. 游戏中学管理,生动有趣

本课程以用友新道ERP物理沙盘为蓝本,总结了一线教师多年的教学和企业信息化咨询服务的经验,借鉴了国际流行的体验式教学方式,将企业经营理论与实际模拟紧密地结合在一起,以离散型制造企业为背景,让学生置身于商业实战场景,以企业经营管理者的身份模拟财务、采购、生产、营销等重要职能,根据学生的实际操作数据,动态分析,决定企业成败的关键因素,让学生在游戏般的模拟中体验完整的企业经营过程,感悟实战的经营思路和管理理念,体会企业进行信息化建设的必要性和紧迫性。模拟沙盘培训增强了课程教学的趣味性,使枯燥的课程教学变得生动有趣。同时,通过游戏进行模拟还可以激发参与者的竞争热情,增加其学习的动力。

3. 高度仿真现实商业环境

本课程实行全生态模拟,大到模拟整个供应链的产、供、销全过程,小到模拟企业的创建到运营整个生命周期。它包含了完成公司创建,通过制定经营战略、整合人力资源、产品研发、物流仓储、市场营销、财务管理等开展企业运营,参与竞争。最终目的是培养学生的公司运营能力,让学生身临其境,在模拟运营中进行真实感受。

4. 跨专业性

实训系统可以满足工商管理、会计、审计、人力资源管理、经济学、市场营销、物流管理、电子商务、信息管理等众多专业的需求。学生可以通过跨专业的体验,深入了解经营管理中公司不同部门之间的分工协作机制,对公司运营管理能力得到有效培养。

5. 博弈对抗性

通过构建博弈模型,并增加随机变量,让学生在公平环境下开展对抗。该模型没有固定值,一切都依照每一个学生的决定、决策变化决定未来的结果,这样就增加了难度,增加了变化,加强了博弈对抗,让学生不断面临挑战,使枯燥的教学变得不再是简单的流程性的灌输,真正做到寓教于乐和寓学于乐。概括地讲,该模型就是让学生在高度模拟社会经济系统,特别是在多变的经济环境下,通过团队合作和角色扮演的方式进行企业创建、经营、结算,乃至应对可能出现的企业破产的状况,使学生在企业中找到自身定位,进行日常管理活动,并通过战略和战术上的决策,在竞争的市场中学会博弈技能。

6. 角色身份的转变

以往的授课方式都是老师在站讲台前面讲,学生坐在下面听。ERP沙盘模拟教学方式促成了两个转变:第一个转变是老师转变成教练的角色,成为组织者和管理者、协调者和评判者。老师通过集中辅导的方式,将平台的规则介绍给大家,同时提出最终目标,学生在学习过程中以自主学习的方式进行学习,缺失的知识自己去补充,完成所学所需的知识体系。第二个转变是学生身份的转变。在课程学习和实训过程当中,学生抛弃了自己学生的身份,转变成职业经理人,以所在岗位的职责和权利要求自己,完成既定工作,达到心理上的转变和技能上的提高,通过课程学习和实训来提高自身的综合能力。

1.4 课程内容与实施

企业的目标就是在有限的资源前提下,追求最大的产出。从外延上看,是追求利润,本质是资源的合理利用。企业模拟经营沙盘实训就是通过对抗的方式来进行的相关训练。企业模拟经营沙盘对抗融角色扮演、案例分析和专家诊断于一体,最大的特点是在参与中学习,学员的学习过程接近企业现状,在训练中,他们会遇到企业经营中经常出现的各种典型问题。

企业模拟经营手工沙盘的基础背景,一般设定为一家已经经营了3年的生产型企业。此课程一般会把参加训练的学员分成6~8组,每组5~8人,各组代表不同的虚拟公司。在这个训练中,每个小组的成员将分别担任公司的重要职务(执行总裁、首席财务官、市场总监、生产总监和采购总监等)。每组要亲自经营一家拥有上亿元资产、销售良好、资金充裕的企业,连续从事6~8个会计年度的经营活动。而企业模拟经营电子沙盘对抗更加激烈,可以把训练的学员分成8~22个组,每组5~6人组建虚拟公司。学员从股东那里得到初始资金(资金数额由指导教师决定),自己决定生产什么样的产品。在经营过程中要面对同行竞争、产品老化、市场单一等一系列问题,公司如何运营才能保持成功且不断成长,是每位成员面临的重大挑战。该实训涉及整体战略、产品研发、设备投资及改造、生产能力规划与排产、物料需求计划、资金需求规划、市场与销售、财务经济指标分析、团队沟通与建设等多个方面的内容。企业模拟经营沙盘实训过程如图1-3所示。

图1-3 企业模拟经营沙盘实训过程

具体实训实施流程如表1-1所示。

表1-1 企业经营沙盘模拟实施流程

实训项目	具体操作	实训目的要求	建议学时	涉及知识点、重难点	备注
模块1:公司成立	学生分组,人员招聘,公司成立	①掌握企业注册登记的具体流程和步骤;②掌握如何进行人员选拔和团队分工协作;③了解公司取名核名的规则和注意事项;④掌握如何填写公司设立登记书和制定公司章程	1	知识点:公司取名核名、公司设立登记申请、公司章程、人员选聘。教学重点:公司设立登记申请、公司章程。教学难点:公司章程	课堂讲授为主,学生操作为辅
模块2:战略制定	分析市场环境信息,制定战略	①掌握企业运营基本指导思想;②掌握如何分析市场环境;③掌握如何制定企业发展战略;④了解如何合理进行资源分配	1	知识点:经济成长指数、季节指数、CPI指数、产品生命周期、企业所得税、贷款年利率、折现率、市场定位、产品定位、销售定位、产能配置、产品研发、现金支出等。教学重点:经济成长指数、产品生命周期、市场定位、产品定位、产品研发。教学难点:产品生命周期、市场定位、产品定位	课堂讲授为主,学生操作为辅
	生产线和原料购置		0.5		课堂讲授为主,学生操作为辅
	产品研发		0.5		课堂讲授为主,学生操作为辅

续表

实训项目	具体操作	实训目的要求	建议学时	涉及知识点、重难点	备注
模块3：公司正式运营与管理	总经理决策	①能够正确理解企业管理的基本功能、特性及其相互影响；②了解管理与科学决策对于企业发展的重要影响；③懂得战略计划的重要性；④能够掌握如何统筹公司各类资源、进行各部门合理化分工；⑤懂得产、供、销平衡以及产、供、销、财等企业各部门间相互沟通与协调的重要性；⑥培养高层管理者的责任感、使命感	1	知识点：企业的组织架构、人员分工、岗位职责制定、分析市场环境、制定战略、未来发展趋势、人员和资源统筹与协调等。教学重点：人员分工、岗位职责制定、分析市场环境、制定战略、人员和资源统筹与协调。教学难点：分析市场环境、制定战略、人员和资源统筹与协调	课堂讲授为主，学生操作为辅
	市场部决策	①了解市场竞争环境的特性与企业有效管理的重要性；②掌握竞争因素的预期、评价与分析和应对策略；③熟悉公司的市场调研、市场环境分析和竞争态势分析等工作；④熟悉公司市场定位和产品定位工作；⑤能够制定公司各个阶段的市场销售计划；⑥能够制定公司各个阶段的广告促销计划；⑦能够制定公司各个阶段的营销策略(包括价格策略、产品策略、促销策略和渠道策略)	1	知识点：市场竞争环境、市场调研、市场分析与预测、市场定位和产品定位、市场销售计划、促销计划、价格策略、产品策略、促销策略和渠道策略。教学重点：市场分析与预测、价格策略、产品策略、促销策略、渠道策略。教学难点：市场分析与预测、价格策略	课堂讲授为主，学生操作为辅
	生产研发部决策	①能够根据中标情况和市场销售计划，制订产品的生产计划；②能够根据生产计划，安排产品相应的生产班次；③能够根据生产计划，提出原材料和生产设备的采购或租赁需求；④能够根据生产计划，提出技术工人招聘需求；⑤能够合理安排生产，控制生产成本；⑥能够研发新工艺和新产品，提高产品的功能、性能等质量技术指标	0.5	知识点：产销平衡、生产与运营管理、生产计划、生产班次、生产成本、研发投入。教学重点：产销平衡、生产与运营管理、生产班次、生产成本。教学难点：产销平衡、生产班次、生产成本	课堂讲授为主，学生操作为辅

续表

实训项目	具体操作	实训目的要求	建议学时	涉及知识点、重难点	备注
模块3：公司正式运营与管理	采购部决策	①能够根据生产计划制订相应的原材料采购计划； ②能够根据生产计划制订相应的生产线采购计划； ③能够全面掌控采购工作，把握采购时机和采购数量，控制采购成本	0.5	知识点：按需采购、订货提前期、采购成本核算、采购计划、正常采购、非正常采购、原材料采购、生产线采购、原材料价格波动、市场供求关系。 教学重点：按需采购、订货提前期、采购成本核算、原材料采购、生产线采购。 教学难点：采购成本核算、非正常采购、原材料价格波动、市场供求关系	课堂讲授为主，学生操作为辅
	物流部决策	①能够根据市场销售计划和生产能力，制定相应的产品投放和运输计划； ②能够进行各个市场之间的协调工作，制订相应的产品紧急调拨计划； ③能够高效开展全面物流管理工作，合理进行仓储管理和运输调度，控制物流成本	0.5	知识点：紧急调拨、产品投放计划、仓储管理、库存控制、物流成本、零库存。 教学重点：紧急调拨、产品投放计划、库存控制、零库存。 教学难点：紧急调拨、库存控制、零库存	课堂讲授为主，学生操作为辅
	人力资源部决策	①能够根据公司发展战略，分析公司现有人力资源状况，预测人员需求，制定公司人力资源规划； ②熟悉员工招聘、入职、晋升、激励、离职等管理工作； ③熟悉员工培训工作，关注员工发展，做好人才的考察、培养工作； ④熟悉公司薪酬福利管理工作； ⑤能够及时与各部门沟通、协调，协助各部门做好员工管理工作	0.5	知识点：公司发展战略、人员招聘、人员培训、工资福利、激励、离职管理、人力资源规划和计划。 教学重点：公司发展战略、人员招聘、工资福利、人力资源规划。 教学难点：公司发展战略、人力资源规划	课堂讲授为主，学生操作为辅

续表

实训项目	具体操作	实训目的要求	建议学时	涉及知识点、重难点	备注
模块3：公司正式运营与管理	财务部决策	①能够全面负责公司财务管理方面的工作，核算成本，控制财务风险，防止出现破产情况；②能够编制财务预算报表，包括预计利润表、预计现金流量表和预计资产负债表；③根据编制的财务预算报表，核算成本，评估计划和决策是否可行，同时计算出是否借、还款以及借多少、还多少；④能够解读财务报表，分析财务指标，透过财务数据发现管理决策问题，提出改进建议，为其他部门提供决策支持；⑤能够根据公司的发展目标和财务状况，合理发放红利	1	知识点：成本核算、财务风险、资产负债表、利润表、现金流量表、财务预算、预计利润表、预计现金流量表、预计资产负债表、现金核算、决策评估、发放红利、正常负债、非正常负债、企业破产。教学重点：公司发展战略、成本核算、财务风险、资产负债表、利润表、现金流量表、决策评估、企业破产。教学难点：成本核算、财务风险、预计利润表、预计现金流量表、预计资产负债表、决策评估	课堂讲授为主，学生操作为辅
模块4：企业经营模拟实验赛	各部门分工协作、制定相关决策（完成6个会计年度经营）	同模块3	15	同模块3	学生操作为主，课堂讲授为辅
模块5：企业经营模拟运营实战	各部门分工协作、制定相关决策（完成4～8个会计年度经营），赛后小组总结	同模块3	8～16	同模块3	学生操作为主，课堂讲授为辅

通过企业模拟经营沙盘对抗，学生要在模拟的这几年经营中，在客户、市场、资源及利润等方面进行一番真正的较量。这种模拟有助于学生形成宏观规划、战略布局的思维模式。通过这一模拟，学生对生产企业各环节的业务达成一致的感性及理性认识，形成互通的思维模式，

形成促进沟通的共同语言。企业模拟经营沙盘对抗可以帮助学生站在高层领导的角度认清企业运营状况,建立企业运营的战略视角,了解企业运营中物流、资金流、信息流如何做到协同统一,认识到 ERP 系统对于提升公司管理的价值;可以帮助学生站在中层经理的角度了解整个公司的运作流程,提高全局和长远策略意识,了解各部门决策对企业业绩的影响,同时理解如何用 ERP 系统处理各项业务和评价 ERP 系统决策的准确性;可以帮助学生站在一线主管的角度认识到企业资源的有限性和企业一线生产、研发等部门之间保持紧密联系的重要性,从而提升其策略性思考能力,提高与下属沟通的技巧;可以帮助学生站在企业员工的角度从市场、财务、业务、工作流程等方面深入理解企业资源运营。

1.5 课程目标与收益

本实训课程的教学目标是使学生通过以虚拟企业对抗博弈的演练来系统学习企业运营管理的相关知识,掌握如何分析市场环境、如何创造商机、如何为企业营利等企业经营管理方法,使学生具备解决企业实际运营过程中面临的各种问题的基本能力,并体会实际商战中优胜劣汰、适者生存的现实。

1. 专业知识目标——拓展知识体系,提升管理技能

ERP 沙盘模拟实训开阔了学习者的发展空间和思维方式,是对企业经营管理的全方位展现。通过学习,可以使受训者在以下方面获益。

(1)熟悉企业管理体系和业务流程。全方位认识企业,了解企业的组织机构设置、各管理部门的职责和工作内容,对未来的职业方向建立基本认知。通过企业经营熟悉企业管理体系和业务流程,理解物流、资金流、信息流的协同过程及作用。

(2)学会用战略眼光看待企业。成功的企业一定有着明确的企业战略,包括产品战略、市场战略、财务分析。连续 6 年的企业运作,经过感性了解、理性思考、科学管理,受训者将学会用战略的眼光看待企业的业务和经营,保证业务与发展战略的一致,有助于加强受训者在未来的工作中更多地获取战略性成功而非机会性成功的意识。

(3)学会分析市场,树立营销观念。市场营销就是企业用价值来不断满足客户需求的过程。企业所有的行为、资源无非是为了满足客户的需求。通过几年的模拟竞争,受训者将学会如何分析市场、关注竞争对手、把握消费者需求、制定营销战略、准确定位目标市场,制订并有效实施销售计划。

(4)生产管理。我们把生产过程管理、质量管理、设备更新、产品研发统一纳入生产管理领域,在企业经营过程中,学习者将深刻感受生产与销售、采购之间的密切关系,理解生产组织与技术创新的重要性。

(5)财务管理。在沙盘模拟过程中,团队成员将清楚地掌握资产负债表、利润表的结构,通过财务报告、财务分析解读企业经营的全局,细化核算支持决策;掌握资本流转如何影响损益;

通过"杜邦模型"解读企业经营的全局;理解现金流的重要性,学会资金预算,以最佳方式筹资,控制融资成本,提高资金使用效率。

(6)人力资源管理。从岗位分工、职位定义、沟通协作、工作流程到绩效考评,沙盘模拟中每个团队经过初期组建、短暂磨合,逐渐形成团队默契并完全进入协作状态。在这个过程中,因各自为政导致的效率低下、无效沟通引起的争论不休,职责不清引发的秩序混乱等问题将使学生深刻理解局部最优不等于总体最优,从而学会换位思考。并能深刻认识到,在全体成员有共同愿景和共同目标、遵守相应的工作规范、彼此信任和支持的氛围下,企业更容易取得成功。

(7)基于信息管理的思维方式。通过ERP沙盘模拟,使受训者真切地体会到构建企业信息系统的紧迫性。决策来源于数据,数据来源于信息系统,企业信息系统如同飞机上的仪表盘,能够时刻跟踪企业运行状况,对企业业务运行过程进行控制和监督,及时为企业管理者提供丰富的有用信息。通过沙盘信息化体验,受训者可以感受到企业信息化的实施过程及关键点,合理规划企业信息管理系统,为企业信息化做好观念和能力上的铺垫。

2.综合素质目标——全面提高受训者的综合素质

除了在提升专业知识和技能方面发挥作用外,ERP沙盘模拟还可以提高受训者的综合素质。

(1)树立共赢理念。市场竞争是激烈的,也是不可避免的,但竞争并不意味着"你死我活"。寻求与合作伙伴之间的双赢、共赢才是企业发展的长久之道。这就要求企业知彼知己,在市场分析、竞争对手分析上做足文章,在竞争中寻求合作,这样才会有无限的发展机遇。

(2)全局观念与团队合作。通过ERP沙盘模拟对抗课程的学习,受训者可以深刻体会到团队协作的重要性。在企业运营这样一艘大船上,CEO是舵手、CFO保驾护航、营销总监冲锋陷阵……在这里,每一个角色都要以企业总体最优为出发点,各司其职,相互协作,这样才能赢得竞争,实现目标。

(3)保持诚信。诚信是企业的立足之本、发展之本。诚信原则在ERP沙盘模拟课程中体现为对"游戏规则"的遵守,如对市场竞争规则、产能计算规则的遵守,对生产设备购置及转产等具体业务规范的遵循等。保持诚信是受训者立足社会、发展自我的基本素养。

(4)契约精神。契约精神不仅是一纸合同的绑定,更是对别人的负责,也是让别人尊重自己的一种行为道德规范。在ERP沙盘模拟经营对抗中,个人利益与企业利益冲突、与竞争对手合作中产生矛盾、对客户不能按时交货时都会考验我们的契约精神。契约精神体现在我们对自己、对员工、对竞争对手、对客户的态度。我们倡导企业家精神和契约精神,这是一种最基本的道德标准。

图1-4 契约精神

（5）个性与职业定位。每个个体都有不同的个性，这种个性在 ERP 沙盘模拟对抗中会充分显露。在分组对抗中，有的小组轰轰烈烈，有的小组稳扎稳打，还有的小组则不知所措。虽然个性特点与胜任角色有一定的关联度，但在现实生活中，很多人并不是因为"爱一行"才"干一行"的，更多的情况是因"干一行"而"爱一行"。

（6）感悟人生。在企业经营风险与市场激烈竞争的残酷现实面前，是"轻言放弃"还是"坚持到底"，这不仅是一个企业会面临的问题，更是个体在人生中随时需要抉择的问题，经营自己的人生与经营一个企业具有一定的相通性。坚持不懈、坚韧不拔、坚守自律，这是成功者必备的精神品质。同时，忠诚是团队进步和发展的基石，总是见异思迁的人不可能促进团队的发展壮大。

通过模拟企业对抗博弈的方式，可以让学生系统、愉快地学习企业经营管理的相关知识，锻炼学生在企业实际运营过程中解决问题的基本能力，实现"以赛促教、以赛促学、以赛促用"的教学目标。

能力训练

知道了 ERP 沙盘模拟的诸多优点，那么请大家讨论一下，通过 ERP 沙盘模拟企业经营，能够加深我们学习过的哪些知识？"ERP 沙盘模拟"课程与专业课程之间的关系是什么？

第 2 章 实训准备

在手工沙盘训练中,每个小组的成员将分别担任公司中的重要职务,如总经理、财务部经理、销售部经理、人事部经理、生产部经理、研发部经理等。他们从先前的管理团队中接手企业,在应对来自其他企业(其他学员小组)的激烈竞争中,将本企业向前推进、发展。学生根据获得的信息对企业外部环境做详细的分析、研究,预测消费者的需求状况,再根据自身的经营状况来制定本企业的发展战略决策,借助生动仿真的教学模具进行沙盘推演,实现由研发、生产到销售的全部经营过程。期末用资产负债表和利润表等提供的财务数据记录经营结果,结算经营业绩。为提高沙盘企业的经营业绩,组建高效的团队和对经营规则及所处的商业环境的熟悉与分析就显得尤为重要。

2.1 沙盘推演教具

2.1.1 沙盘盘面

ERP 物理沙盘是 ERP 沙盘模拟推演的实物载体,沙盘盘面如图 2-1 所示。

沙盘盘面按照制造企业的职能部门划分了 5 个职能中心,分别是营销与规划中心、生产中心、制造业运营流程(信息中心)、物流中心和财务中心。

各职能中心覆盖了企业运营的所有关键环节:战略规划、市场营销、生产组织、采购管理、库存管理、财务管理等。可以说,一个沙盘盘面基本就是一个制造企业管理流程的缩影。

各组成员的企业经营策略执行情况和运行结果将通过盘面体现出来。

物理沙盘模拟是在物理沙盘的盘面上进行的,运用道具和标志(象征企业经营的各元素)在盘面上模拟推演企业经营活动,每张沙盘代表一个模拟企业。它是需要通过动手操作实物来模拟企业经营的沙盘,也叫手工沙盘。

手工沙盘的类型分为两种:①残局版沙盘。残局版沙盘是指将一个经营到一定程度的模拟企业交到操作者的手中来继续经营的沙盘。第一轮实训教学接手的就是这种沙盘,它对初学者来说较为合适。②创业版沙盘。创业版沙盘的开局只有钱,更类似电子沙盘,其要求操作者从无到有创建模拟企业,再形成一个良性的经营循环模式。建议实训教学过程中有条件的可以在第二轮对抗训练中采用创业版沙盘。本书最后附录中会给大家提供创业版沙盘的运营规则及商业环境。

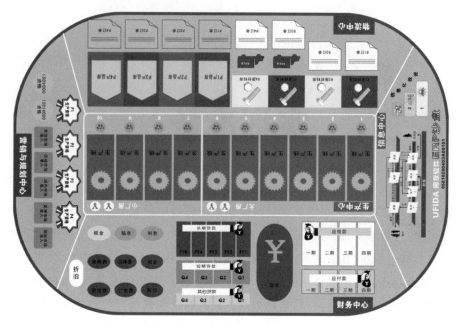

图 2-1 物理沙盘盘面

1. 生产中心区域

生产中心区域由大、小两间厂房组成,大、小厂房的右边都有两个上面画有人民币标识的圆形图,用以代表厂房的价值。大厂房有 6 条生成线空位,小厂房有 4 条生产线空位,如图 2-2 所示。

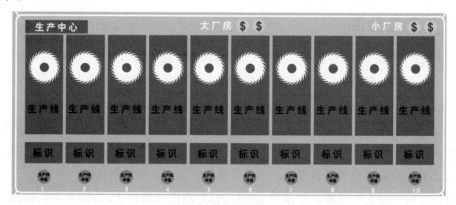

图 2-2 生产中心

2. 物流中心区域

在沙盘上物流中心分为两个区域:原材料区域和产成品区域。原材料区域由"原材料订单""在途原材料"和"原材料库"组成;产成品区域分为"产品订单"和"产品库"两部分。R1~R4 各原料库与原料订单区域分别放置原料与原料订单,P1~P4 各产品库与产品订单区域分别放置产品与产品订单,如图 2-3 所示。

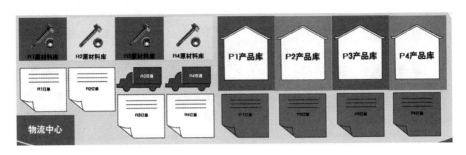

图 2-3 物流中心

3. 营销与规划中心区域

营销与规划中心区域包括 P1~P4 各产品的生产资格认证，本地市场、区域市场、国内市场、亚洲市场、国际市场的市场准入认证，以及 ISO 9000 和 ISO 14000 资格认证等区域，如图 2-4 所示。

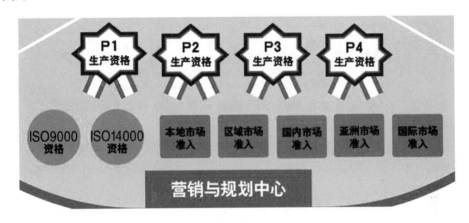

图 2-4 营销与规划中心

(1) 产品资格区域。在模拟经营中，企业确定需要研发哪些产品后，开始投入资金和时间，达到要求后，即可获得产品生产资格，然后把相应的产品资格证摆放在对应位置。

(2) 质量认证区域。在模拟经营中，企业只有取得相应的资格认证，才能进入相应的市场，获得相应的产品生产资格。质量认证包括 ISO 9000 质量认证和 ISO 14000 环境认证，企业获得认证后，将相应质量认证证书摆放在对应位置。

(3) 市场准入区域。沙盘上共有 5 个市场，即本地市场、区域市场、国内市场、亚洲市场和国际市场。在模拟经营中，企业需要确定开发哪些市场，获得市场准入资格后将相应准入证摆放在对应位置。

4. 财务中心区域

财务中心区域由应收款、应付款、现金、长期贷款、短期贷款、其他贷款以及各项费用等区域组成，如图 2-5 所示。

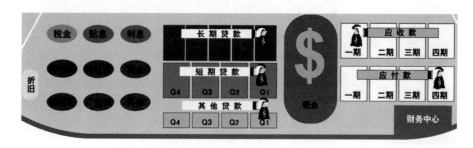

图 2-5 财务中心

5. 信息中心区域

信息中心区域在实际模拟经营过程中并不需要任何操作,它代表的是制造业的运营流程,对操作者有示意作用,如图 2-6 所示。

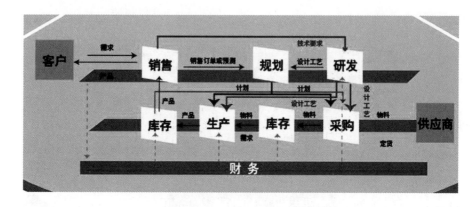

图 2-6 制造业运营流程

2.1.2 推演道具及单位

1. 原料、资金、贷款、产品/在制品、原料订单的模拟道具

原料、资金、贷款、产品/在制品、原料订单的模拟道具如图 2-7 所示。

(1) 原料——彩币:红色-R1;橙色-R2;蓝色-R3;绿色-R4。

(2) 资金——灰币:1 个灰币=1M 现金,一满桶灰币是 20M 现金。

(3) 贷款——空桶:1 空桶=20M 贷款。贷款以 20M 为单位,每贷 20M,贷来的资金直接入现金库使用,同时在长期贷款或短期贷款的最左侧相应区域放 1 空桶。

(4) 原料订单——空桶:1 个空桶代表 1 个原材料订单。

(5) 产品/在制品都由原料和人工费组成,由相应的原材料彩币和人工费灰币构成,如表 2-1 所示。

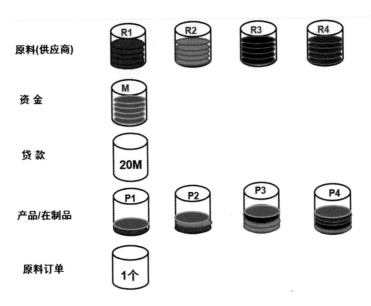

图 2-7　原料、资金、贷款、产品/在制品、原料订单示意图

表 2-1　产品/在制品组成结构

产品/在制品	成本构成			总成本
P1	1M 人工	1R1		2M
P2	1M 人工	1R1	1R2	3M
P3	1M 人工	2R2	1R3	4M
P4	1M 人工	1R2	1R3	2R4	5M

2．沙盘推演中使用的单位

(1) 金钱：M，1M＝1百万，最小数量是1M，取整。

(2) 周期：年，期(季)。一共经营6～8年，1年＝4期，最小周期是1期(季)，用 Q 表示。

(3) 产品：个，例如：1个 P2。

(4) 原料：个，例如：2个 R4。

(5) 生产线：条，例如：1条自动线。

(6) 厂房：个，例如：1个小厂房。

能力训练

感受一下 ERP 物理沙盘的盘面，说说它和你想象的沙盘有什么不同。根据以往所学的知识总结一下沙盘盘面上各板块的作用，然后想一想，制造业运营流程板块的作用是什么。

2.2 团队组建

2.2.1 组建高效的团队

1. 组队原则

在沙盘对抗实训中，要将所有的学生分成若干个团队，团队就是由少数有互补技能、愿意为了共同的目的、业绩目标和方法而相互承担责任的成员组成的群体。而在每个团队中，各学员分别担任重要职务，包括CEO、财务总监、营销总监、生产总监和采购总监等。在经营过程中，团队的合作是必不可少的。要想打造一支高效的团队，应注意以下几点：

(1) 有明确的共同目标。团队必须共同发展，并且要共同完成一个目标，这个目标可以使团队的成员向相同的方向努力，能够激发每个团队成员的积极性，并且使队员行动一致。团队要将总体的目标分解为具体的、可度量的、可行的行动目标。这些具体的目标和总体目标要紧密结合，并且要根据情况随时进行相应修正。比如团队确立了自己6年发展的总目标，还要将总目标分解到每一年和每一季度。

(2) 确保团队成员互补的能力。团队必须要形成一个完善的能力组合，比如担任财务总监的成员要比较细心，对财务的相关知识有一定的了解，而担任CEO职务的人应该具备比较强的协调能力和组织能力等。因此，组队的过程中一定要考虑配合和专业能力的互补因素，组队的原则是"1+1＞2"，形成一个真正的团队。

(3) 推举一位团队型领导(CEO)。在经营过程中需要做出各种决策，这就需要CEO能够统领全局，协调各部门之间的关系，充分调动每个学员的积极性，还要能够做出正确的决策。要成为一个高效、统一的团队，团队领导就必须学会在缺乏足够的信息和统一意见的情况下及时做出决定。果断的决策机制往往是以牺牲民主和不同意见为代价而获得的。对于团队领导而言，最难做到的莫过于避免被团队内部虚伪的和谐气氛所误导，并采取种种措施，努力引导和鼓励适当的、有建设性的良性冲突，将被掩盖的问题和不同意见摆到桌面上，通过讨论和合理决策将其加以解决，否则，将对企业的发展造成巨大的影响。

(4) 履行好各自的责任。各学员应该按照自己的职位、职责进行经营活动，而且应该把自己的工作做好。比如采购总监应该负责原材料的采购，如果出现差错，会直接影响到以后的生产，而生产的产品数量又会影响订单的交付。所以一个小环节的疏漏就可能会导致满盘皆输。

此外，作为团队中的一员，首先要尊重别人。法国哲学家罗西法古曾说："如果你要得到仇人，就表现得比你的朋友优越；如果你要得到朋友，就要让你的朋友表现得比你优越。"当我们让朋友表现得比我们还优越时，他们就会有一种被肯定的感觉；但是当我们表现得比他们还优越时，他们就会产生一种自卑感，甚至对我们产生敌视情绪。因为谁都在自觉不自觉地强烈维护着自己的形象和尊严，因此我们要给予对方充分的尊重。其次要能够接受批评。从批评中寻找积极成分。如果团队成员对你的错误大加抨击,即使带有强烈的感情色彩,也不要与之争论不休,而是从积极方面来理解他的抨击。这样不但对你改正错误有帮助,也避免了敌对场面的出现。最后要善于交流。同在一个团队,我们与其他团队成员之间会存在某些差异,知识、能力、经历造成我们在对待和处理问题时,会产生不同的想法。交流是协调的开始,把自己的想法说出来,听听对方的想法,我们要经常说这样一句话:"你看这事该怎么办,我想听听你的看法。"总之,作为一名团队成员应该有自己的思想感情、学识修养、道德品质、处世态度、举止风度,做到坦诚而不轻率,谨慎而不拘泥,活泼而不轻浮,豪爽而不粗俗,这样就一定可以和其他团队成员融洽相处,提高自己团队作战的能力。

2. 组队方式

如果受训学生之间都比较熟悉,如是同班同学,可以让他们通过演讲自荐的方式推选6~8个CEO,然后根据其他同学的表现,通过双向选择的方式,依据能力互补的原则组成团队。这样一方面可以锻炼学生的演讲表达能力,另一方面也能训练学生的沟通与协调能力。

如果是短期培训班,由于是临时组建的班级,学员互相不熟悉,可以先做一些拓展活动。例如,开场时指导老师带领学员做一些破冰小游戏,先让大家熟悉起来,再引导学员组成不同的团队,接下来再在团队中由组员竞选或推荐CEO,最后再分配其他人员的岗位。

2.2.2 角色分配与定位

任何一个企业都有与其类型相适配的组织结构。企业组织结构是企业全体职工为实现企业目标,在管理工作中进行分工协作,在职务范围、责任、权利等方面形成的结构体系。

企业经营管理涉及企业的战略制定与执行、市场营销、采购与生产管理、财务管理等多项内容。在企业中,这些职能是由不同的业务部门履行的,企业经营管理过程也是各部门协同工作、共同努力实现企业目标的过程。

1. 角色分配

一般来说,根据教学道具的数量和场地的大小,一个模拟市场可以容纳6~8个模拟企业,每个模拟企业设置5大基础角色,分别是公司的总经理(CEO)、财务总监(CFO)、市场总监(CMO)、生产总监(COO)、采购总监(CPO)。根据每个角色由1人担任的原则,标配是5人一组,但由于班级人数较多,可设置每组5~8人,这时一方面可将某些职位适当拆分,如可以将营销职能拆分为市场和销售两种职能,将财务职能拆分为财务和会计(或会计和出纳)两种职能;另一方面某些岗位可设立助理角色,如财务助理等。教学班人数不足30人时,可以由一个人兼多个角色。

2. 角色定位

小组成员的职位确定好后,成员带上岗位胸牌,按照ERP沙盘盘面的功能区域调整座位(如图2-8所示),以便于沙盘推演操作。

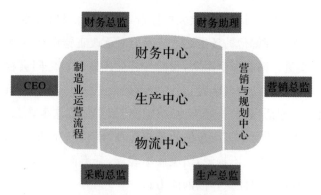

图 2-8 沙盘盘面的职能定位

另外,在经营模拟实训过程中,经过几个会计年度后可以进行职能角色互换,从而体验角色转换后考虑问题的出发点的变化,也就是学会换位思考。同时,轮岗可以让受训者体验不同岗位的工作流程,更有利于各部门之间的协调配合。

2.2.3 角色职责详解

1. 首席执行官(CEO)的职责

ERP 沙盘是从现实企业中抽象出来的理想化、具体化和简单化的模拟对抗,它和公司法规定的各职位的职责不尽相同。总经理是总顾问(指导老师)和各职位人员的联络员,是团队各项工作的组织者和领导者。在"ERP 沙盘模拟"课程中,企业所有的重要决策均由总经理带领团队成员共同决定,如果大家意见相左,由总经理拍板决定。总经理还要从结构、流程、人员、激励四个方面着手优化管理。其职责主要包括以下几个方面:

(1)制定和实施企业总体发展战略规划。

(2)带领团队共同制定、执行企业决策。

(3)审核财务状况,对企业盈利(亏损)结果负责。

(4)要知人善任,选择能够胜任相关职位的专业人才,建立起目标明确、相互信任、相互支持、技能互补的一种有默契和效率的团队。

(5)主持公司的日常经营管理工作,实现公司经营管理目标和发展目标。

总之,总经理是企业团队的建立者和激励者,是企业整体发展战略的制定者,是企业资产投资的决策者,是企业生产经营的设计者,是企业其他职能部门决策的参与者和制定者。

2. 财务总监(CFO)的职责

如果说资金是企业的"血液",那么财务部门就是企业的"心脏"。财务总监要参与企业重大决策方案的讨论,如设备投资、产品研发、ISO 资格认证等。公司进出的任何一笔资金都要经过财务部门。财务状况是企业的命脉,所有者权益为负的企业将被迫宣布破产,现金断流的企业则直接退出比赛,所以在沙盘对抗赛中,财务总监的首要任务就是实现对所有者权益的控制和保证现金流的正常运转。其职责主要包括以下几个方面:

(1) 筹集资金，财务总监要参与企业总体发展战略的制定，并依据这一发展战略，估计各年及各经营时期现金总量的需求，制订出相应长、短期贷款方案。

(2) 资金预算，对各年的财务进行全面预算，保证现金流的通畅，并实现对成本的全面控制，以降低企业的经营风险和经营成本。

(3) 在各年的实际经营中，进行现金流经营流程的登记工作。

(4) 填制5大表（现金流量表、销售订单明细表、综合费用表、资产负债表、利润表），做好财务分析。

企业的经营发展和日常生产都是以财务状况允许为前提的。因此对于财务总监来说，资产负债、利润表等的填制并不困难，难的是对资金的预算和控制。例如，每年的实际销售额是不确定的，甚至会与预算有很大差异，这就要求财务总监在预算时要充分考虑各种情况，并根据具体情况及时调整资金的使用。另外，沙盘对抗赛中绝大多数企业都是负债经营，长期贷款和短期贷款各有利弊，贷款时期不同对现金流的影响也不相同。因为利息支出将直接导致企业利润减少，从而影响所有者权益，而所有者权益又决定下一年贷款额度。每一年选完订单，财务总监就应准确制作出利润表，并结合生产情况设计交货时间，从而编制出现金流量表，进而安排是否进行贷款及贷款额度和形式。此外，为了有更好的财务状况，财务总监会对生产线和厂房的投资、市场开拓、产品研发、ISO认证等情况与相应负责人协商，参与战略管理。

3. 市场总监（CMO）的职责

企业的利润来自"开源"和"节流"两个方面。成本控制的作用在于"节流"，而销售总监的作用就是"开源"。如果没有实现企业的销售，没有"开源"，就算成本控制为零也没有利润来源。因此，销售是实现企业生存和发展的关键，也是企业联系客户的门户。其职责主要包括以下几个方面：

(1) 结合市场总需求及产品价格走势的分析、研究，估计出企业各年的销售量。

(2) 参与制定与市场需求相适应，且与企业能力相适应的投资策略。

(3) 结合市场预测及客户需求，有选择地进行广告投放，制定选单策略。

(4) 取得与企业生产能力相匹配的客户订单。

(5) 与生产部门做好沟通，保证按时交货给客户。

(6) 制订产品研发、企业市场开拓和ISO认证等投资方案。

4. 生产总监（COO）的职责

生产总监是企业生产部门的核心人物，对企业的一切生产活动进行管理，并对企业的一切生产活动及产品负最终的责任。生产总监既是生产计划的制订者和决策者，又是生产过程的监控者，对企业目标的实现负有重大的责任，其工作是通过计划、组织、指挥和控制等手段实现企业资源的优化配置，以创造最大经济效益。其职责主要包括以下几个方面：

(1)根据销售订单情况做好排产计划,按时交货。
(2)合理投资生产线,安排产能大、效率高的生产线来生产企业决策中的主打产品。
(3)生产线的建成与产品研发同步,合理安排生产线,尽量减少维护费和折旧费用。
(4)根据库存和产能状况,向市场总监提供准确的产能数据,以便于选择订单。

5. 采购总监(CPO)的职责

采购总监是团队中除财务总监之外计算量最大的人,在电子沙盘中体现得尤为明显,根据生产线的情况安排原材料的采购是其主要职责。由于存在柔性生产线,采购总监往往要有几套采购方案,同时原材料的库存状况也会影响到生产总监对生产的安排。在资金紧张时期,采购总监、生产总监、市场总监及财务总监就要发挥协作精神,要在生产线允许的前提下,优先生产成本较低的且市场亟需、利润可观的产品。其职责主要包括以下几个方面:

(1)根据生产计划,合理安排采购计划,保证生产不中断。
(2)做好原材料的库存管理。

6. 课程助理(前台交易人员)

企业在经营过程中,需要有供应链的上下游企业、相关的行政单位以及金融机构为依托,因此,课程需要设置1位助理,承担企业经营模拟实训中所需要的一切外围企业的角色。其职责主要包括以下几个方面:

(1)进行银行贷款,办理长、短期贷款手续。
(2)寻找设备、原材料的供应商。
(3)寻找市场开拓、产品研发、ISO认证商。
(4)承担客户,接受模拟企业交货,及时付货款。
(5)完成实训过程中指导老师安排的其他工作。

2.2.4 公司成立及CEO就职演讲

1. 公司命名

在公司成立之后,每个小组要召开第一次员工大会,大会由CEO主持。在会议上要为自己组建的公司命名。公司名称对于一个企业将来的发展而言至关重要,因为公司名称不仅关系到企业在行业内的影响力,还关系到企业所经营的产品投放市场后,消费者对本企业的认可度。品牌命名或公司名称既要符合行业特点,有深层次的文化底蕴,又要使广大消费者容易熟知。一个"亮眼"的名称,会让企业的竞争力明显区别于行业内其他企业,为打造知名品牌奠定了基础。因此各小组要集思广益,为自己的企业起一个响亮的名字。

2. 确定企业使命

企业使命英文表示为mission。在企业制定了愿景目标的前提下,具体定义企业经营的活动范围和层次,表明企业在社会经济活动中的身份和角色。企业使命包括企业的经营哲学、企业的宗旨和企业的形象。在第一次"员工"大会上,学员就要集体讨论并确定企业宗旨和企业形象等事项。

3. CEO 就职演讲

小组讨论结束后,由 CEO 代表公司进行就职演讲,阐述公司的使命、愿景与目标等,并将其内容手绘到 A3 纸上,张贴到实训室中,以此展示团队风采和企业美好的发展蓝图,营造出一种积极向上的竞争氛围,为下一步做好经营管理打下良好的基础。

CEO 就职演说后,带领大家确定其他主要的管理者。各位学员就自己的角色进行岗位认知,最后拍一张团队合照。

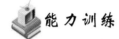
能 力 训 练

任务一:我们的团队

各组按照组建的团队(A 组~H 组),确定团队模拟的公司名称、愿景和使命。确定各个角色并商定团队在本门课学习中的规则。

任务二:角色认知与定位

说一说自己属于哪个小组,在 ERP 沙盘模拟中扮演什么角色,为什么?

2.3 领会规则

企业是社会经济的基本单位,企业的发展要受自身条件和外部环境的制约。企业的生存与企业间的竞争不仅要遵守国家的各项法规及行政管理规定,还要遵守行业内的各种约定。在开始企业模拟竞争之前,管理层必须了解并熟悉这些规则,这样才能做到合法经营,才能在竞争中求生存、求发展。

企业的正常运营涉及筹资、投资、生产、营销、研发、物流等各个方面,受到来自各个方面条件的制约,企业要不断地提升自我赢得竞争,就必须熟练地掌握市场规则,并将其熟练运用。所以在模拟经营决策之前,应该熟练掌握以下运营规则。

2.3.1 财务规则

1. 融资贷款与贴现

资金是企业的"血液",是企业所有活动的支撑。在"ERP 沙盘模拟"课程中,企业尚未上市,因此其融资渠道只能是银行借款、高利贷和应收款贴现。几种融资方式的对比情况见表 2-2。

表 2-2 资金规则

贷款类型	办理时间	最大额度	年利息率	还本付息时间	贷/息
长期贷款 5 年	年末	所有者权益 2 倍	10%	年底付息,到期还本	20M/2M
短期贷款 1 年	季初	上年所有者权益 2 倍	5%	到期还本付息	20M/1M
紧急贷款	季初	无	20%	每年付息	20M/4M
资金贴现	随时	视应收款额	1/7	变现付息	现值 6M/1M

注:①长期贷款最长期限为 5 年,短期贷款期限为 1 年,不足 1 年的按 1 年计息。长期贷款时,如果以前有贷款需要归还,同时还拥有贷款额度,就必须先归还到期的贷款,才能申请新贷款,不能以新贷还旧贷(续贷)。短期贷款也按本规定执行。

②结束年时,不要求归还没有到期的各类贷款,允许提前还款。

③长期和短期贷款数额只能是 20 的倍数。

④资金贴现在有应收款时随时可以进行,金额是 7 的倍数,不论应收款期限长短,拿出 7M 交 1M 的贴现费。

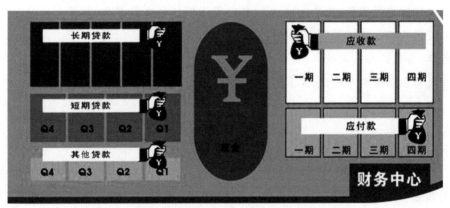

图 2-9 财务中心

(1)现金。现金用灰币进行标识。每一个现金币代表 100 万,记为 1M,放在图 2-9 中现金位置,用于公司日常运作。

(2)应收款。公司销售出去的产品大多情况下不是立刻得到现金,而是有一定的账期。当公司按照销售订单交货时,要根据订单上的账期将销售额放在应收款的相应位置上,如图 2-9 "应收款"处,公司每运营完一季度(期),就将应收款向前(现金库方向)移动一个账期,等移动到现金库时就变为现金。

(3)短期贷款。此项贷款的最高额度与本公司上一年的所有者权益挂钩,一般为所有者权益的 2 倍(具体情况以当次规则为准)。在沙盘训练中,此项只起到记录作用,不必把现金放在图 2-9 中短期贷款相应位置。例如,某公司借了 4000 万(40M)的短期贷款,财务总监则应该把借来的钱放到现金的位置,然后取 2 个空桶放在短期贷款第四个账期(Q4)的位置。与应收款的操作一样,公司每运营完一个周期,就将此空桶向前(现金库方向)移动一个账期,直到移动到现金库时,也就是该还短期贷款和利息时,财务总监就拿着相应的现金去银行还短期贷款,并将利息费用放在盘面的"利息"位置。

(4)长期贷款。此项贷款的最高额度也与本公司上一年的所有者权益挂钩,一般为所有者权益的2倍(具体情况以当次规则为准)。也与短期贷款操作方法一样,唯一不同的是每一格代表的是一年,而不是一个季度,因此空桶的位置是每过一年才移动一次。

(5)紧急贷款。紧急贷款也是一种融资方式,一般不采用此方式,因为这种贷款成本非常高,只有公司现金短缺且贷款额度已满又没有应收款可以贴现时,公司才会考虑以此种方式融资。紧急贷款利息每年支付,还款时间无要求,还款时贷款时间不足1年的按1年计息。

2. 综合费用规则

除了财务中心,财务部门还表示为台面上的综合费用中心,在企业经营过程中,如产生包括维护费、转产费、厂房租金、贴现利息、管理费用、广告费、贷款利息、生产线折旧、税金及其他费用,必须在综合费用中心对应区域放入相应费用数额,如图2-10所示。

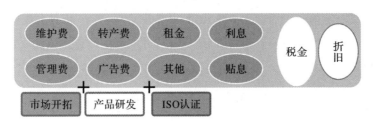

图2-10 综合费用中心

(1)广告费。公司为了获得更大的销售额都会为自己的产品打广告做宣传,即产生了广告费。这时应把当年打的广告费放在图2-10"广告费"位置处。

(2)折旧。每年年末公司都要按照会计准则,为生产线计提折旧(见生产线规格)。将计提的折旧放在图2-10"折旧"位置处。

(3)利息。这主要包括每年偿还的长期贷款、短期贷款、紧急贷款的利息。将每年利息放在图2-10"利息"位置处。

(4)管理费。管理费每季度1M,为常数。每年公司要交的行政管理费4M都放在图2-10"管理费"位置处。

(5)维护费。维护费用为每条生产线1M/年,当年在建的生产线和当年出售的生产线不用交维护费。年末将产生的维护费用放在图2-10"维护费"位置处。

(6)贴现。当公司为了获得现金将应收款贴现时,需要缴纳相应的贴现费,贴现费率为1/7。此项费用就放在图2-10"贴息"位置处。

(7)其他。公司由于特殊情况产生的费用,放在"其他"费用的位置。例如当公司想变卖生产线,产生的净值损失计为其他费用(见生产线规格)。

(8)税金。如果企业开始赢利并且弥补亏损之后,每年年初缴纳的上年所得税放入图2-10"税金"位置处。每年所得税计入应付税金,在下一年初交纳。税率为税前利润1/3向下取整。

2.3.2 市场规则

1. 产品研发

生产经营过程中,生产线可生产 4 种产品,即 P1、P2、P3、P4。一般除了 P1 产品外,其余 3 种产品需要模拟公司自己研发,如图 2-11 所示。

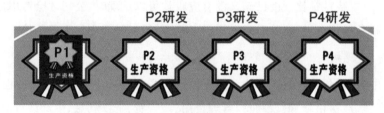

图 2-11 产品生产资格认证图

产品研发需要一定的研发周期和研发费用,具体见表 2-3 产品研发规则。研发期间,应将研发费用放入对应的产品生产资格位置,研发完成并取得生产资格认证后,将生产资格认证标识放入相应位置。

表 2-3 产品研发规则

产品	P2	P3	P4
研发时间	5Q	5Q	5Q
研发投资	5M	10M	15M

注:新产品研发、研发投资可以同时进行,按季度平均支付或延期,资金短缺时可以中断,但必须完成投资后方可生产。研发投资计入综合费用,研发投资完成后,持全部投资换取产品生产资格证。

具体的产品研发策略由市场预测和企业的经营战略决定。

2. 市场开拓

市场的分类相对简单,共有 5 种市场,每种市场均可销售 4 种产品,但是价格、需求量各有不同,质量要求也不同。除本地市场外,如图 2-12 所示,区域市场、国内市场、亚洲市场和国际市场都需要模拟公司自己开发,并且每高一级市场的开发都要比低一级市场所需的开发费用多 100 万(1M),时间也多一年。具体表述如表 2-4 所示。

图 2-12 市场准入资格认证图

表 2-4 市场开拓规则

市场	开拓费用	持续时间
区域	1M/年×1 年＝1M	1 年
国内	1M/年×2 年＝2M	2 年
亚洲	1M/年×3 年＝3M	3 年
国际	1M/年×4 年＝4M	4 年

注：市场开发投资按年度支付，允许同时开发多个市场，但每个市场每年最多投资为 1M，不允许加速投资，但允许中断。市场开发完成后持开发费用到指导教师处领取市场准入证，之后才允许进入该市场竞单。

3. ISO 认证

和现实较为相近，随着市场的占领和开拓，广大消费者对质量的要求也越来越高，因此要想获得更好的经营效果，每家公司必须在产品质量上做文章，以便占领更多市场份额。这在沙盘模拟中表现为"ISO 认证"，"ISO 认证"需要经过一段时间并花费一定的费用，如表 2-5 所示。

表 2-5 ISO 认证规则

管理体系	ISO 9000	ISO 14000
认证持续时间	2 年	3 年
所需投资	1M/年×2 年＝2M	1M/年×3 年＝3M

注：两项认证投资可同时进行或延期，相应投资完成后领取 ISO 资格，若投资认证未完成就没有资格接有相应 ISO 要求的订单。研发投资与认证投资计入当年综合费用。

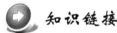

知识链接

ISO(International Organization for Standardization)即国际标准化组织，是一个全球性的非政府组织。ISO 的宗旨是"在世界上促进标准化及其相关活动的发展，以便于商品和服务的国际交换，在智力、科学、技术和经济领域开展合作"。

ISO 9000 是指质量管理体系标准，它不是指某一个标准，而是一系列标准的统称。ISO 9000 标准是针对组织的管理结构、人员、技术能力、各项规章制度、技术文件和内部监督机制等一系列体现组织保证产品及服务质量的管理措施的标准。

ISO 14000 环境质量管理体系标准是国际标准化组织编制的环境管理体系标准，其标准号从 14001 到 14100 共 100 个，这些标准号统称为 ISO 14000 系列标准。ISO 环境质量管理体系标准顺应国际环境保护的发展，融合了世界上许多发达国家在环境管理方面的经验，依据国际经济与贸易发展的需要而制定，是一套完整的、操作性很强的体系标准。它的基本思路是预防和减少环境影响，持续改进环境管理工作，消除国际贸易中的技术壁垒。

4. 广告竞单

(1)订货会年初召开,每年只召开一次。例如,如果在年初的订货会上只拿到2张订单,那么在当年的经营过程中,再也没有获得其他订单的机会。

(2)广告费分市场、分产品投放,订单按市场、按产品发放。例如,企业拥有 P1、P2 的生产资格,在年初国内市场的订货会上只在 P1 上投入了广告费用,那么在竞单时,不能在国内市场上获得 P2 的订单。又如:订单发放时,先发放本地市场的订单,按 P1、P2、P3、P4 产品次序发放;再发放区域市场的订单,按 P1、P2、P3、P4 产品次序发放。

(3)广告费每投入 1M,可获得一次拿单的机会,若想获得下一张订单的机会,还需要再投入 2M。以此类推,每多投入 2M 就拥有多拿一张订单的机会。例如,在本地市场上投入 7M 广告费,表示在本地市场上有 4 次拿单的机会,最多可以拿 4 张订单。但是,最终能拿到几张订单取决于当年的市场需求和竞争状况。

(4)销售排名及市场"老大"规则。每年竞单完成后,根据某个市场的总订单销售额排出销售排名;排名第一的为市场"老大",下年可以不参加该市场的选单排名而优先选单;其余的公司仍按选单排名方式确定选单顺序。

(5)选单排名顺序和流程。第一次以投入某个产品广告费用的多少产生该产品的选单顺序。如果该产品投入一样,按本次市场的广告总投入量(包括 ISO 的投入)进行排名;如果市场广告总投入量一样,按上年的该市场排名顺序排名;如果上年排名相同,采用抽签方式决定选单顺序。按选单顺序先选第一轮,每个公司只能有一次机会,选择 1 张订单。第二轮按顺序再选,选单机会用完的公司则退出选单。下面为 P1 国际市场广告投放单(见表 2-6)和 P2 国际市场广告投放单(见表 2-7)。

表 2-6 P1 国际市场广告投放单

公司	P1 广告费	ISO 9000	ISO 14000	广告费总和	上年排名
A	3M			3M	2
B	1M	1M		4M	3
C	1M		1M	3M	5
D					4
E	1M			1M	1

表 2-7 P2 国际市场广告投放单

公司	P2 广告费	ISO 9000	ISO 14000	广告费总和	上年排名
A				3M	2
B	1M			4M	3
C	1M			3M	5
D	1M	1M	1M	3M	4
E					1

国际市场 P1 选单的顺序为：

第一，由 E 公司选单。因为去年销售排名第一，为市场老大，优先选择订单。

第二，由 A 公司选单。A 公司投入 P1 的广告费最高，为 3M。

第三，由 B 公司选单。虽然 B 公司在 P1 的产品广告费上与 C 公司相同，但投入在国际市场上的总广告费用为 4M，而 C 公司投入国际市场上的总广告费用为 3M，因此，B 公司先于 C 公司选单。

第四，由 C 公司选单。

第五，如果有剩余订单，则进入第二轮，由 A 公司再选单。A 公司投入 P1 产品的广告费为 3M，具备拿 2 张订单的资格，因此获得多一次的选单机会。

国际市场 P2 选单的顺序为：

第一，由 B 公司选单。在国际市场上，市场老大 E 公司没有投入 P2 产品的广告费，虽然 B、C、D 公司在 P2 产品上投入的广告费用相同，但 B 公司在国际市场上的总广告费投入最高，因此最先选单。

第二，由 D 公司选单。虽然 D 公司投入 P2 的产品广告费与 C 公司相同，且在国际市场上的总广告费也与 C 公司相同，但在上年的经营过程中，D 公司排名第三，C 公司排名第四，因此 D 公司先于 C 公司选单。

第三，由 C 公司选单。

(6) 订单种类。

第一类为普通订单。普通订单在一年之内任何交货期均可交货，订单上的账期表示客户收货时货款的交付方式。例如：0 账期，表示采用现金付款；4 账期，表示客户付给企业的是 4 个季度的应收款。订单样图如图 2-13 所示。

第三年	本地市场	P2-1/4
产品数量：	2P2	
产品单价：	8.5M/个	
总金额：	17M	
账期：	4Q	
普通（加急或 ISO）		

图 2-13 订单

第二类为加急订单。加急订单第一季度必须交货，若不按期交货，会受到相应的处罚。

第三类为 ISO 9000 或 ISO 14000 订单。此类订单要求具有 ISO 9000 或 ISO 14000 资格，并且在市场广告上投放了 ISO 9000 或 ISO 14000 的宣传费用才可以拿单，且对该市场上的所有产品均有效。

如表 2-6 所示，竞单表中设有 9K（代表"ISO 9000"，下同）和 14K 两栏。这两栏中的投入不是认证费用，而是取得认证之后的宣传费用，该投入对整个市场所有产品有效。如果希望获得标有"ISO 9000"或"ISO 14000"的订单，必须在相应的栏目中投入 1M 广告费。

(7)交货规则。必须按照订单规定的数量整单交货。

(8)违约处罚规则。所有订单必须在规定的期限内完成(按订单上的产品数量交货),即加急订单必须在第一季度交货,普通订单必须在本年度交货等;如果订单没有完成,按下列条款加以处罚。

第一,下年市场地位下降一级(如果是市场第一的,则该市场第一空缺,所有公司均没有优先选单的资格)。

第二,交货时扣除订单额25%(取整)作为违约金。

例如,A公司在第2年为本地市场的老大,且在本地市场上有一张订单总额为20M,但由于产能计算失误,在第2年不能交货,则在参加第3年本地市场订货会时丧失市场老大的订单选择优先权,并且在第3年该订单必须首先交货,交货时须扣除5M(20M×25%)的违约金,只能获得15M的货款。

2.3.3 生产规则

生产部门在台面上表现为生产中心(如图2-14所示),主要包括大厂房、小厂房及各类生产线。

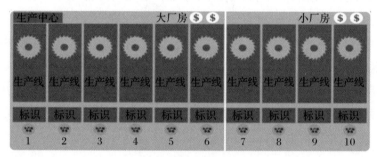

图2-14 生产中心

1.厂房

有关各厂房购买、租赁、出售的相关信息如表2-8所示。

表2-8 厂房规则

厂房	买价	租金	售价	容量
大厂房	40M	5M/年	40M(4Q)	6条生产线
小厂房	30M	3M/年	30M(4Q)	4条生产线

注:年底决定厂房是购买还是租赁,出售厂房计入4Q应收款,购买后将购买价放在厂房价值处,厂房不提折旧。

2.生产线

生产线购买、转产与维护、出售规则如表2-9所示。

表 2-9 生产线相关规则

生产线	买价	安装周期	生产周期	转产周期	转产费用	维护费用	出售残值
手工线	5M	无	3Q	无	无	1M/年	1M
半自动	8M	2Q	2Q	1Q	1M	1M/年	2M
全自动	16M	4Q	1Q	2Q	4M	1M/年	4M
柔性线	20M	4Q	1Q	无	无	1M/年	6M

(1)购买。投资新生产线时按安装周期平均支付投资,全部投资到位的下一季度领取产品标识,开始生产。如半自动生产线,每季度投资 4M,投完两个季度累计 8M 后下一季度领取产品标识,开始生产。手工线无安装周期,投资的当季度就可以生产使用。

(2)转产。现有生产线转产新产品时可能需要一定转产周期并支付一定的转产费用,按周期平均支付完成后,下一个季度方可更换产品标识。

(3)维护。当年在建的生产线和当年出售的生产线不用交维护费,维护费为 1M/条线。

(4)出售。出售变卖生产线时,如果生产线净值等于残值,将残值转换为现金;如果生产线净值大于残值,将按照当前净值的 1/3 向下取整计提固定资产处置净损失,计为费用处理(综合费用——其他),剩余部分转换为现金。

(5)折旧。每年按当前生产线净值的 1/3 向下取整计算折旧,当年建成的生产线不提折旧。当生产线净值小于 3M 时,每年提 1M 折旧;当生产线的净值等于残值时不提折旧,不同生产线的折旧历程如表 2-10 所示。

表 2-10 生产线折旧规则

生产线折旧	安装完成后第1年	安装完成后第2年	安装完成后第3年	安装完成后第4年	安装完成后第5年	安装完成后第6年
手工线 5M	0	1	1	1	1	0
半自动 8M	0	2	2	1	1	0
全自动 16M	0	5	3	2	2	0
柔性线 20M	0	6	4	3	1	0

(6)生产。所有生产线都能生产所有产品,所需支付的人工生产费均为 1M。

2.3.4 采购规则

采购的任务是适时、适量、适价地采购到生产所需的原料。适时与生产计划和采购提前期相关;适量与生产计划和产品结构相关;适价是指要注意控制采购成本。

在盘面上,共有 R1、R2、R3、R4 四种原材料,分别对应红色币、橙色币、蓝色币和绿色币,每个原材料的采购成本均为 1M。

生产不同的产品需要用到的原料不同,各种产品所用到的原料及数量如表 2-11 所示。

表 2-11 产品成本构成规则

产品	成本构成				总成本
P1	1M 人工	1R1			2M
P2	1M 人工	1R1	1R2		3M
P3	1M 人工	2R2	1R3		4M
P4	1M 人工	1R2	1R3	2R4	5M

每条生产线同时只能有一个产品在线。产品上线时需要支付加工费,不同生产线加工不同产品需要支付的加工费都相同,设定为 1M,故每种产品的生产成本即可得出,如表 2-11 所示。

能力训练

1. 市场经济是法治经济,需要良好的秩序,维持秩序的最好方法就是竞争双方都遵守市场规则。那么,在沙盘模拟企业经营过程中,我们需要遵守哪些规则呢? 为什么?

2. 假设目前资金缺口为 10M,目前企业有 2 账期应收款 15M,3 账期应收款 11M。如果只考虑用应收款贴现的方式弥补资金缺口,你准备如何贴现?

第 3 章 起始年设置

3.1 模拟企业简介

3.1.1 模拟任务

希望公司是一个典型的离散制造型企业,已创建 3 年,董事会为了选出一个能够带领企业更好发展的领导团队,将采用企业经营模拟竞争的方式进行。建议集中 2～3 天的时间模拟企业 6～8 年的经营过程,胜出者就是希望公司新的领导团队。

3.1.2 经营状况

我们这里模拟的是一个生产制造企业,为了避免学员将该模拟企业与他们所熟悉的行业不经意地产生关联,设定本课程中生产制造产品是一个虚拟的产品,即 P 系列产品——P1、P2、P3 和 P4。该企业长期以来一直专注于某行业 P 产品的生产与经营,目前生产的 P1 产品在本地市场知名度很高,客户也很满意。同时企业拥有自己的厂房,生产设施齐备,状态良好。最近,一家权威机构对该行业的发展前景进行了预测,认为 P 产品将会从目前的相对低技术水平发展为一个高技术产品。为了适应技术发展的需要,公司董事会及全体股东决定将企业交给一批优秀的新人去发展(模拟经营者)。他们希望新的管理层能完成以下工作:

(1) 投资新产品的开发,使公司的市场地位进一步得到提升。
(2) 开发本地市场以外的其他新市场,进一步拓展市场领域。
(3) 扩大生产规模,采用现代化生产手段,努力提高生产效率。
(4) 研究在信息时代如何借助先进管理工具提高企业管理水平。
(5) 增强企业凝聚力,形成鲜明的企业文化。
(6) 加强团队建设,提高组织效率。

简而言之,随着 P 产品从一个相对低水平产品发展为高技术水平产品,新的管理团队必须创新经营、专注经营,才能不辜负公司董事会及全体股东的期望,实现良好的经营业绩。

3.1.3 市场环境

目前,国家经济状况发展良好,消费者收入稳步提高,P产品销量将迅速增长。然而该企业生产制造的产品几乎全部在本地销售,董事会和股东认为管理层没有抓住本地以外以及国外市场的机会,希望新的管理层去开发这些市场。同时产品 P1 在本地市场知名度很高,客户很满意,然而要保持其市场地位,特别是进一步提升其市场地位,企业必须进行新产品开发。目前已有一些新产品正在研发之中。在生产设施方面,目前的生产设施状态良好,但是在发展目标的驱使下,预计必须投资额外的生产设施。具体方法可以是建新厂房或将现有的生产设施进行现代化改造。

在行业发展状况方面,P1 产品技术水平低,虽然近几年需求较旺,但未来将会逐渐下降。P2 产品是 P1 产品的技术改进版,虽然技术优势会给销售量带来一定增长,但随着新技术的出现,需求最终会下降。P3、P4 为全新技术产品,发展潜力很大。根据一家权威的市场调研机构对未来 6 年中各个市场需求的预测,P1 产品是目前市场上的主流产品,P2 作为对 P1 的技术改良产品,也比较容易获得大众的认同。P3 和 P4 产品作为 P 系列产品的高端技术产品,各个市场上对它们的认同度不尽相同,需求量与价格也会有较大的差异。应该说这一预测有着很高的可信度。在本书附录中我们会根据不同的目标市场进行详细分析。

3.2 企业初始状态设定

ERP 沙盘模拟不是从创建企业开始,而是接手一个已经运营了 3 年的企业。虽然已经从基本情况描述中获得了企业运营的基本信息,但还需要把这些枯燥的数字再现到沙盘盘面上,为下一步的企业运营做好铺垫。通过初始状态设定,也使学员深刻地感受到财务数据与企业业务的直接相关性,理解财务数据是对企业运营情况的一种总结提炼,为今后"透过财务看经营"做好观念上的准备。下面我们按照步骤来设置企业的初始状态。

3.2.1 财务初始状态描述

目前企业总资产为 1.05 亿(105M),其中流动资产 52M,固定资产 53M;负债 41M,所有者权益 64M。

1. 流动资产

流动资产是企业在一年或一个营业周期内变现或者耗用的资产,它主要包括货币资金、短期投资、应收款项和存货等。在这个模拟企业中,流动资产分布如下(单位:1M=100 万元):

(1)现金。沙盘上有现金一桶,共计 20M。

(2)应收款。沙盘上有应收款共计 15M,账期为 3 账期。

(3)在制品。沙盘上的 4 条生产线上分别有在不同生产周期的 P1 在制品 1 个,每个价值 2M,共计 8M。

(4)成品。沙盘上企业成品库有 3 个 P1 产品已完工,每个价值 2M,共计 6M。

(5)原料。沙盘上企业原料库有 3 个 R1 原料,每个价值 1M,共计 3M。

综合以上 5 项,企业流动资产共计 52M。

2. 固定资产

固定资产是指使用期限较长、单位价值较高,并且在使用过程中保持原有实物形态的资产。它包括房屋、建筑物、机器设备和运输设备等。在我们模拟的这个企业中,固定资产分布如下:

(1)土地和建筑。目前沙盘上企业拥有一个大厂房,价值计 40M。

(2)机器与设备。目前沙盘上企业拥有手工生产线 3 条,每条原值 5M,净值 3M;半自动生产线 1 条,原值 8M,净值 4M。因此机器与设备价值共计 13M。

(3)在建工程。目前企业没有在建工程,也就是说没有新生产线的投入或改建。

综合以上 3 项,企业固定资产共计 53M。

3. 负债

企业负债可分为短期负债和长期负债。所谓短期负债是指在一年内或超过一年的一个营业周期内需用流动资产或其他流动负债进行清偿的债务,而长期负债是指偿还期限在一年或者超过一年的一个营业周期以上的债务。在模拟的这个企业中,负债分布如下:

(1)长期负债。目前企业经营盘面上,有 4 年到期的长期负债 20M,5 年到期的长期负债 20M,用放置 2 个空桶来表示。因此企业长期负债共计 40M。

(2)短期负债。目前企业没有短期负债。

(3)应付款。目前企业没有应付款。

(4)应交税金。根据纳税规则,目前企业有应交税金 1M。

综合以上 4 项,企业负债共计 41M。

4. 所有者权益

所有者权益是指企业投资者对企业资产的所有权,在数量上表现为企业资产减去负债后的差额。所有者权益表明企业的所有权关系,即企业归谁所有。在模拟的这个企业中,所有者权益分布如下:

(1)股东资本。目前企业股东资本为 50M。

(2)利润流程。目前企业利润留存为 11M。

(3)年度净利润。本年度,企业净利润为 3M。

综合以上 3 项,企业所有者权益共计 64M。

5. 目前企业的利润表和资产负债表数据

目前企业的利润表和资产负债表数据,如图 3-1 所示。

利润表		单位：百万元
		金额
销售收入	＋	35
直接成本	－	12
毛利	＝	23
综合费用	－	11
折旧前利润	＝	12
折旧	－	4
支付利息前利润	＝	8
财务收入/支出	＋/－	4
额外收入/支出	＋/－	0
税前利润	＝	4
所得税	－	①
净利润	＝	③

资产负债表				单位：百万元
资产		金额	负债+所有者权益	金额
现金	＋	20	长期负债	40
应收款	＋	15	短期负债	0
在制品	＋	8	应付款	0
成品	＋	6	应交税	1
原料	＋	3	一年内到期的长期负债	0
流动资产合计	＝	52	负债合计	41
固定资产			所有者权益	
土地和建筑	＋	40	股东资本	50
机器和设备	＋	13	利润留存	11
在建工程	＋	0	年度净利	3
固定资产合计	＝	53	所有者权益合计	64
总资产		105	负债+所有者权益	105

图 3-1 初始财务报表数据

3.2.2 沙盘盘面初始状态设定

设置所有财务状况初始状态后，接下来根据财务数据设定初始的沙盘盘面。

1. 初始状态设定——生产中心

生产中心包括（如图 3-2 所示）：

(1)大厂房。已购买，价值40M。

(2)生产线 4 条。前 3 条手工线，第 4 条半自动线。手工线每条净值3M，半自动线净值4M，总价值 13M。

(3)4 条线均生产 P1 产品。P1 在制品的生产状态从左到右分别位于生产线的 1Q、2Q、3Q、1Q。4 个 P1 在制品的总价值为8M。

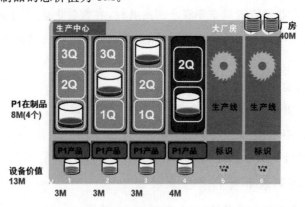

图 3-2 初始盘面设定——生产中心

2. 初始状态设定——物流中心

物流中心包括(如图3-3所示)：

(1)P1的成品库有3个P1产品。每个P1产品的生产成本为2M,总价值6M。

(2)R1的原材料库有3个R1。每个R1购买价格1M,总价值3M。

(3)预采购2个R1。R1订单用空桶来表示。

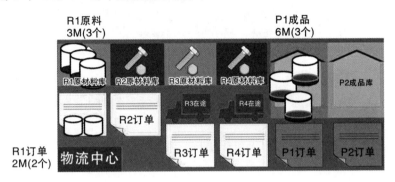

图3-3　初始盘面设定——物流中心

3. 初始状态设定——财务中心

财务中心包括(如图3-4所示)：

(1)现金库有20M的现金。

(2)目前企业经营盘面上,有4年到期的长期负债20M,5年到期的长期负债20M,放置2个空桶来表示,因此企业长期负债共计40M。

(3)应收款,有3个季度到期的应收款15M。

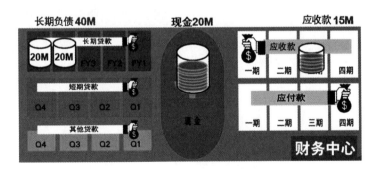

图3-4　初始盘面设定——财务中心

4. 初始状态设定——营销与规划中心

营销与规划中心包括(如图3-5所示)：

(1)已取得P1产品生产资格证,具备了P1产品生产资质,可以进行P1产品的生产。

(2)已拥有本地市场的准入资格,可以在本地市场进行产品的销售,接客户订单。

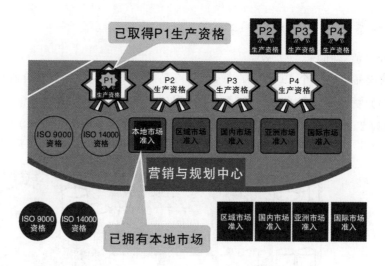

图3-5 初始盘面设定——营销与规划中心

第 4 章 学习经营

新管理层接手企业,需要有一个适应阶段,在这个阶段需要与原有管理层交接工作,熟悉企业的内部运营流程。因此在"ERP沙盘模拟"课程中设计了起始年。

企业选定接班人之后,原有管理层总要"扶上马,送一程"。因此在起始年里,新任管理层仍受制于原管理层,企业的决策由原管理层定夺,新管理层只能执行。主要目的是促进新管理层与团队磨合,进一步熟悉规则,明晰企业的运营过程。

4.1 经营过程概述

以用友"ERP沙盘模拟"课程为例,根据经营的先后顺序,我们把整个模拟经营过程分为几个阶段依次来循序渐进地了解沙盘实战模拟流程。

1. 模拟公司

首先,学员将以小组为单位建立模拟公司,注册公司名称,组建管理团队,参与模拟竞争。小组要根据每个成员的不同特点进行职能分工,选举产生模拟企业的第一届总经理,确立组织愿景和使命目标。

2. 经营会议

当学员对模拟企业所处的宏观经济环境和所在行业特性基本了解之后,各公司总经理组织召开经营会议,依据公司战略安排,作出本期经营决策,制订各项经营计划,其中包括融资计划、生产计划、固定资产投资计划、采购计划、市场开发计划、市场营销方案。

3. 环境分析

任何企业的战略,都是针对一定的环境条件制定的。沙盘训练课程为模拟企业设置了全维的外部经营环境、内部运营参数和市场竞争规则。进行环境分析的目的就是要努力从近期因环境因素所发生的重大事件里,找出对企业生存、发展前景具有较大影响的潜在因素,然后科学地预测其发展趋势,发现环境中蕴藏的有利机会和主要威胁。

4. 竞争战略

各"公司"根据自身对未来市场的预测和市场调研,本着长期利润最大化的原则,制定、调整企业战略。战略内容包括公司战略(大战略框架)、新产品开发战略、投资战略、新市场进入战略、竞争战略。

5. 经理发言

各职能部门经理通过对经营的实质性参与,加深了对经营的理解,体会到了经营短视的危害,树立起为未来负责的发展观,从思想深处构建起战略管理意识,管理的有效性得到显著提高。

6. 沟通交流

通过密集的团队沟通,充分体验交流式反馈的魅力,系统了解企业内部价值链的关系,认识到打破狭隘的部门分割、增强管理者全局意识的重要性。深刻认识建设积极向上的组织文化的重要性。

7. 财务结算

一期经营结束之后,学员自己动手填报财务报表,盘点经营业绩,进行财务分析,通过数字化管理,提高经营管理的科学性和准确性,理解经营结果和经营行为的逻辑关系。

8. 业绩汇报

各"公司"在盘点经营业绩之后,围绕经营结果召开期末总结会议,由总经理进行工作述职,回顾本期各个经营环节的管理工作和策略安排以及团队协作和计划执行情况。总结经验,吸取教训,改进管理,提高学员对市场竞争规律的把握和对企业系统运营的认识。

9. 分析点评

根据各"公司"期末经营状况,讲师对其经营中的成败因素深入剖析,提出指导性改进意见,并针对本期存在的共性问题,进行高屋建瓴的案例分析与讲解。最后,讲师按照层层递进的课程安排,引领学员进行重要知识内容的学习,使以往存在的管理误区得以暴露,管理理念得到梳理与更新,提高洞察市场、理性决策的能力。

总之,沙盘模拟培训是全新的授课方式,学员是主体,老师是客体。学员通过运用学习到的管理知识亲自掌控模拟企业的经营决策,改进管理绩效,推动培训进程。讲师根据需要对学员进行必要的引导,适时启发学员思考。当学员陷入经营困境时提出建议,并对培训中的核心问题进行解析。学员通过对模拟经营的自主完整体验以及在对模拟企业管理成功与失败的反思与总结中,感受企业运营规律,感悟经营管理真谛。学员得到的不再是空洞乏味的概念、理论,而是极其宝贵的实践经验和深层次的领会与感悟。

4.2 起始年运行提示

- 不进行任何贷款
- 不投资新的生产线
- 不进行产品研发
- 不购买新厂房
- 不开拓新市场
- 不进行 ISO 认证
- 年初支付 1M 广告费
- 每季度订购 1 个 R1 原料
- 生产持续进行

4.3 起始年经营实录

企业的实际经营过程是相当复杂的,在"ERP 沙盘模拟"课程中,我们用"企业运营流程"简化了企业的实际经营过程。企业经营流程包含两个内容:一是企业经营过程中必须做的各项工作;二是开展各项工作时需要遵循的先后顺序。可以说,企业经营流程是进行企业经营活动的指南。

企业经营流程中,按照时间顺序分为年初 4 项工作、按季度执行的 19 项工作和年末需要做的 6 项工作,如表 4-1 所示。企业经营流程由总经理主持,团队成员各司其职,有条不紊地执行。每执行完一项任务,总经理在方格中画勾作为完成标志。

现金是企业的"血液"。伴随着企业各项活动的进行,会发生现金流动。为了清晰记录现金的流入和流出,我们在企业经营流程中设置了现金收支明细登记。总经理带领大家执行一项任务时,如果涉及现金收付,则财务主管负责现金收付,CEO 或会计主管要相应地在方格内登记现金收支情况。

要点提示

1. 执行企业经营流程时,必须按照自上而下、自左至右的顺序严格执行;
2. 当执行一项任务使现金库的现金发生收支变化时,才在相应的方格内用数字记录;
3. 每个角色都要关注自己需要负责什么工作,和其他部门的工作关系是怎样的,最好对自己负责的几项工作进行特殊标记。

表 4-1　企业经营流程表

企业经营流程 请按顺序执行下列各项操作。	每执行完一项操作，CEO 在相应的方格内打勾。 财务总监（助理）在方格中填写现金收支情况。			
新年度规划会议				
参加订货会/登记销售订单				
制订新年度计划				
支付应付税				
季初现金盘点（请填余额）				
更新短期贷款、还本付息、申请短期贷款（高利贷）				
更新应付款、归还应付款				
原材料入库、更新原料订单				
下原料订单				
更新生产、完工入库				
投资新生产线、变卖生产线、生产线转产				
向其他企业购买原材料、出售原材料				
开始下一批生产				
更新应收款/应收款收现				
出售厂房				
向其他企业购买成品/出售成品				
按订单交货				
产品研发投资				
支付行政管理费				
其他现金收支情况登记				
支付利息、更新长期贷款、申请长期贷款				
支付设备维护费				
支付租金/购买厂房				
计提折旧				（　）
新市场开拓/ISO 资格认证投资				
结账				
现金收入合计				
现金支出合计				
期末现金对账（请填余额）				

4.3.1 年初工作

1. 新年度规划会议

常言道:"凡事预则立,不预则废。"在开始新的一年经营之前,CEO 应当召集各位总监召开新年度规划会议,根据各位总监掌握的信息和企业的实际情况,初步提出企业在新一年的各项投资规划,包括市场、认证开发、产品研发、设备投资、生产经营等规划。同时,为了能准确地在一年一度的产品订货会上争取到销售订单,还应当根据规划精确地计算出企业在该年的产品完工数量,确定企业的可接订单数量。

新年度全面规划内容涉及企业的发展战略规划、投资规划、生产规划和资金筹集规划等。要做出科学合理的规划,企业应当结合目前和未来的市场需求、竞争对手可能的策略以及本企业的实际情况进行。在进行规划时,企业首先应当对市场进行准确预测,包括预测各个市场产品的需求状况和价格水平、竞争对手可能的目标市场和产能情况、各个竞争对手在新的一年的资金状况(资金的丰裕或不足将极大地影响企业的投资和生产)。在此基础上,各业务总监提出新年度规划的初步设想,大家就此进行论证。最后,在权衡各方利弊得失后,做出企业新年度的初步规划。

2. 参加订货会、支付广告费、登记销售订单

(1)参加订货会。销售产品必须要有销售渠道。对于沙盘企业而言,销售产品的唯一途径就是参加产品订货会,争取销售订单。参加产品订货会需要投资费用在目标市场投放广告,只有投入了广告费,企业才有资格在该市场争取订单。

(2)支付广告费。在参加订货会之前,企业需要分市场、分产品在"广告登记表"上登记投入的广告费金额。"广告登记表"是企业争取订单的唯一依据,也是企业当期支付广告费的依据,应当采取科学的态度,认真对待。在起始年,各企业的销售订单内容是一样的,广告费也是一样的,都是1M,登记如图 4-1 所示。

起始年	本地		
产品	广告	9K	14K
P1	1		
P2			
P3			
P4			

图 4-1 起始年广告投放

(3)登记销售订单。为了从容应对竞单过程中可能出现的各种复杂情况,企业也可由营销总监与 CEO 一起参加订货会。客户订单相当于与企业签订的订货合同,需要进行登记管理。营销总监领取订单后,负责将订单登记在"订单登记表"中,记录每张订单的订单号、所属市场、所订产品、产品数量、订单销售额、应收账期等。起始年各组都接到了同样的订单,在"订单登记表"上进行登记,如表4-2所示。

表4-2 销售订单登记表

订单号	XXX
市场	本地
产品	P1
数量	6
账期	2Q
销售额	32M
成本	(交货时填写)
毛利	(交货时填写)

"经营流程表"记录:此项现金库支出1M的广告费,故记录"-1"。

要点提示

1. 争取客户订单前,应以企业的产能、设备投资计划等为依据,避免接单不足、设备闲置,或盲目接单、无法按时交货,引起企业信誉降低。

2. 企业在投放广告时,应当充分考虑企业的支付能力。也就是说,投放的广告费一般不能超出企业年初未经营前现金库中的现金余额。

3. 制订新年度计划

企业参加订货会取得销售订单后,已经明确了当年的销售任务。企业应当根据销售订单对前期制定的新年度规划进行调整,制订新年度工作计划。结合企业对未来的预期,编制生产计划、采购计划、设备投资计划并进行相应资金预算。将企业的供、产、销活动有机结合起来,使企业各部门的工作形成一个有机的整体。

4. 支付应付税

依法纳税是每个公民应尽的义务。企业在年初应支付上年应交的税金。企业按照上年资产负债表中"应交税金"项目的数值交纳税金。交纳税金时,财务总监从现金库中拿出相应现金放在沙盘"综合费用"的"税金"处,并在"经营流程表"对应的方格内记录现金的减少数额。

"经营流程表"记录:资产负债表中"应交税金"项目的期初数值为1,说明上年末有已核算计提的1M税金未交,现从现金库缴纳,故"支付应付税"项记录为"-1"。

4.3.2 每季度日常运营工作

1. 季初盘点

为了保证账实相符,企业应当定期进行资产盘点。沙盘企业中,企业的资产主要包括现金、应收款、原材料、在产品、产成品等流动资产,以及在建工程、生产线、厂房等固定资产。盘点的方法主要采用实地盘点法,就是对沙盘盘面的资产逐一清点,确定出实有数,然后将任务清单上记录的余额与其核对,最终确定出余额。

盘点时,CEO指挥、职能团队成员各司其职,认真进行。如果盘点的余额与账面数一致,各成员就将结果准确无误地填写在任务清单的对应位置。季初现金余额等于上一季度末余额,由于上一季度末刚盘点完毕,所以可以直接根据上季度的季末余额填入。

第一季度现金账面余额的计算公式:

第一季度季初现金余额＝上年末库存现金－支付的本年广告费－支付上年应交的税金

"经营流程表"记录:第一季度季初现金盘点＝20M(上年末库存现金)－1M(年初广告费)－1M(税金)＝18M。故此项对应的方格内登记"18"。

2. 更新短期贷款、还本付息、申请短期贷款(紧急贷款)

(1)更新短期贷款。如果企业有短期贷款,财务总监就将空桶向现金库方向移动一格。移至现金库时,表示短期贷款到期。

(2)还本付息。短期贷款的还款规则是利随本清。短期贷款到期时,每桶需要支付1M(20M×5%)的利息,因此本金与利息共计21M。财务总监从现金库中提取现金,其中20M还给银行,1M放置于沙盘"综合费用"的"利息"处,同时做好现金收支记录。

紧急贷款的本金还款时限无要求,利息按年支付。同样,空桶移至现金库时,表示紧急贷款需要支付利息,每桶需要支付4M(20M×20%)的利息。如果本金未归还,接着将空桶移到沙盘紧急贷款(其他贷款)的"4Q"处。

(3)申请短期贷款(紧急贷款)。短期贷款只有在每个季度初可以申请,如果企业需要借入短期借款,则财务总监填写"公司贷款申请表"到交易处借款。短期借款借入后,放置一个空桶在短期借款的"4Q"处,并将现金放在现金库中备用。短期贷款可以申请的最高额度为"上一年所有者权益×2－已贷短期贷款"。

紧急贷款无最高额度要求限制。

"经营流程表"记录:在经营流程表对应的方格内登记借入短期借款(紧急贷款)增加的现金数,记录偿还的本金、支付利息的现金减少数。由于起始年年初没有短期贷款(紧急贷款),今年也不计划申请短期贷款(紧急贷款),所以在此项对应的方格内打"×"。

3. 更新应付款、归还应付款

规则中组间交易关闭的情况下,实训不会涉及应付款;组间交易开通的情况下,企业之间会出现赊购产品的情况,这时就涉及应付款,还有企业之间资金借贷的情况,这时涉及"其他应付款",因为实训采用的是简化的资产负债表,所以把"其他应付款"并入到"应付款"项中。

(1)更新应付款。将应付款向现金库方向推进一格,当应付款到达现金库时,表示应付款到期,必须用现金偿还,不能延期。

(2)归还应付款。从现金库中取出现金付清应付款。

"经营流程表"记录:在经营流程表对应的方格内登记现金的减少数额。目前企业没有应付款,故打"×"。

4.更新原料订单、原材料入库

(1)更新原料订单。企业只有在前期订购了原材料,在交易处登记了原材料采购数量的,才能购买原材料。每个季度,采购总监将沙盘中的"原材料订单"空桶向原材料仓库推进一格,表示更新原料订单。

(2)原材料入库。如果原材料订单本期已经推到原材料库,表示原材料已经到达企业,企业应验收入库材料,并支付相应的材料款。采购总监在"采购登记表"中登记购买的原材料数量,如表4-3所示,然后持现金和"采购登记表"在交易处买回原材料,放在沙盘对应的原材料库中。

"经营流程表"记录:在经营流程表对应的方格内填上现金的减少数额,如果企业订购的原材料尚未到期,则采购总监在经营流程表对应的方格内打"√"。比如起始年的第1季度,有2个R1的原材料入库,所以在此项对应的方格内登记"-2"。

5.下原料订单

采购总监根据年初制订的采购计划,决定采购的原料的品种及数量,在"采购登记表"中登记预采购的原材料数量和品种,如表4-3所示。同时沙盘中每个空桶代表一批原料,将相应数量的空桶放置于对应品种的原料订单处。下原料订单不需要支付现金。

"经营流程表"记录:在经营流程表对应的方格内打"√"。

表4-3 第1季度原材料登记表

起始年	1季			
原材料	R1	R2	R3	R4
订购数量	1			
采购入库	2			

6.更新生产、完工入库

企业应在每个季度更新生产,当产品完工后,应及时下线入库。操作要点如下:将生产线上的在制品向前推一格。如果产品已经推下生产线,表示产品生产完工下线,将该产品放在产成品库对应的位置。

"经营流程表"记录:在"更新生产/完工入库"的方格内记录完工产品的数量。如果产品没有完工,则在"更新生产/完工入库"的方格内打"√"。例如:在起始年的第1季度更新生产后,有1个R1产品完工入库,这时在方格内登记"1R1"。

7.投资新生产线、变卖生产线、生产线转产

企业要提高产能,必须对生产线进行改造,包括新购、变卖和转产等。新购的生产线安置在厂房空置的生产线位置;如果没有空置的位置,必须先变卖生产线。如果生产线要转产,应当考虑转产周期和转产费。投资、变卖、转产详情可见生产线规则。

(1) 投资新生产线。

• 领取标识。在交易处申请新生产线标识，将标识翻转放置在某厂房空置的生产线位置，并在"生产线净值"上面放置空桶。

• 支付安装费。每个季度向财务总监申请建设资金，放置在空桶内。按照安装周期投完建设资金，表明费用全部支付完毕，生产线在下一季度建设完成。在全部投资完成后的下一季度，将生产线标识翻转过来，领取产品标识，可以投入使用。手工线无安装周期，当季度投资当季度即可投入使用。

"经营流程表"记录：在"投资新生产线"的方格内填上现金的减少数额。

(2) 变卖生产线。

出售变卖生产线时，生产线净值等于残值，将残值转换为现金；如果生产线净值大于残值，将按照当前净值的1/3向下取整计提固定资产处置净损失，计为费用处理（综合费用——其他），剩余部分转换为现金。变卖时，将生产线及其产品生产标识交还给交易处。

"经营流程表"记录：在"变卖生产线"的方格内填上现金的增加数额。

(3) 生产线转产。

• 更换标识。持原产品标识在交易处更换新的产品生产标识，并将新的产品生产标识反扣在生产线的"产品标识"处，待该生产线转产期满可以生产产品时，再将该产品标识正面放置在"标识"处。

• 支付转产费。如果转产需要支付转产费，还应向财务总监申请转产费，将转产费放在"综合费用"的"转产费"处。

"经营流程表"记录：在"生产线转产"的方格内填上现金的减少数额。如果不做上面的操作，则在"投资新生产线/变卖生产线/生产线转产"对应的方格内打"×"。

8. 向其他企业购买原材料、出售原材料

企业如果没有下原料订单，就不能购买材料。如果企业生产急需材料，又不能从交易处购买，就只能从其他企业购买。当然，如果企业有暂时多余的材料，也可以向其他企业出售，收回现金。

要点提示

由于手工沙盘操作过程具有时间可逆的特点，对下原材料订单项目控制不力，一般不"向其他企业购买原材料、出售原材料"。电子沙盘在这方面控制得就不错，但要求学员在操作过程中树立预采购的意识，加强原材料采购计划的能力。

"经营流程表"记录：在"向其他企业购买原材料、出售原材料"的方格内填上现金的增加或减少数额。如果不做，则在"向其他企业购买原材料、出售原材料"对应的方格内打"×"。

9. 开始下一批生产

企业如果有闲置的生产线，应尽量安排生产。因为闲置的生产线仍然需要支付设备维护费、计提折旧,企业只有生产产品,并将产品销售出去,这些固定费用才能得到弥补。

当更新生产、完工入库工作完成后,某些生产线的在制品已经完工。这些生产线可以考虑开始生产新产品,不要让它们闲置。由生产总监按照产品结构从原料库中取出原料,并向财务总监申请产品加工费,将生产产品所需要的原材料和加工费放置在空桶中,然后将上线产品放到离原料库最近的生产周期(生产线的1Q)。采购主管登记出库的原料数量。

"经营流程表"记录:在"开始下一批生产"的方格内填上现金的减少数额,即总共支出的生产费用。如果当季度没有开始生产,则在"开始下一批生产"的方格内打"×"。例如:在起始年的第1季度有1个P1产品开始生产,说明投入的生产费用为1M,这时在方格内登记"-1"。

10. 更新应收款、应收款收现

沙盘企业中,企业销售产品一般收到的是"欠条"——应收款。每个季度,企业应将应收款向现金库方向推进一格,表示应收款账期的减少。当应收款被推进现金库时,表示应收款到期,转化为现金。

"经营流程表"记录:在"更新应收款、应收款收现"的方格内填上现金的增加数额,即到期的应收款数额。如果当季度更新后应收款没有到期,则在"更新应收款、应收款收现"的方格内打"√",如果当季度没有应收款,则在方格内打"×"。

要点提示

在资金出现缺口且不具备银行贷款的情况下,可以考虑应收款贴现。应收款贴现随时可以进行,财务总监按7的倍数提取应收款,其中1/7作为贴现费用置于沙盘上的"贴息"处,6/7放入现金库,同时做好现金收支记录。应收款贴现时不考虑账期因素,一般建议先贴现账期较长的应收款。

11. 出售厂房

企业如果需要筹集资金,可以出售厂房,厂房按原值出售。出售厂房当期不能收到现金,记为4Q的应收款。如果没有厂房,当年年底必须支付租金。

"经营流程表"记录:如果有厂房出售,在"出售厂房"的方格内打"√",如果厂房没有出售,则在方格内打"×"。

12. 向其他企业购买成品、出售成品

企业参加产品订货会时,如果取得的销售订单超过了企业最大生产能力,当年不能按订单交货,则构成违约,按规则将受到严厉的惩罚。为此,企业可以从其他企业购买产品来交单。当然,如果企业有库存积压的产品,也可以向其他企业出售。

- 谈判。在进行组间的产品买卖时,首先双方要谈妥产品的交易价格和付款方式。
- 付款、收款。建议采取一手交钱一手交货的交易方式进行交易。如果采用的是赊销、赊购方式进行,卖方将货款登记为应收款,买方登记为应付款。

 要点提示

1.买方:购进的产品成本是交易时支付的价款,在计算产品销售成本时应当按该成本计算。

2.卖方:向其他企业出售产品带来的收入也计为当年的销售收入,在销售订单登记表上可再增加一个销售订单。

"经营流程表"记录:在"向其他企业购买成品、出售成品"的方格内填上现金的增加、减少数额,即采取一手交钱一手交货的交易方式。如果采用的是赊销/赊购方式进行,则在方格内打"√",如果当季没有交易发生,则在方格内打"×"。

13.按订单交货

销售总监检查各成品库中的成品数量是否满足客户订单要求,满足则按照订单交付约定数量的产品给客户,并在订单登记表中登记该批产品的成本。客户按订单收货,并按订单上列明的条件支付货款,若货款为现金(0账期)付款,则财务总监直接将现金置于现金库,并做好现金收支记录;若为应收款,则财务总监将货款放置于应收款相应账期处。

要点提示

必须按订单整单交货。

"经营流程表"记录:若交单的账期为0,则在"按订单交货"的方格内填上现金的增加数额(货款),若交单的账期非零,则在方格内打"√",若本季度没有交单,则在方格内打"×"。

14.产品研发投资

企业要研发新产品,必须投入研发费用,具体产品研发费用及时间详见产品研发规则。研发费用按研发完成的时间每季度平均支付。

研发流程:先根据战略规划确定产品的研发策略,然后营销总监从财务总监处申请取得研发所需要的现金,放置在产品"生产资格"对应位置的空桶内,如果产品研发投资完成,持产品研发登记表和研发费用表从交易处领取相应产品的生产资格证放置在沙盘"生产资格"处。企业取得生产资格证后,从下一季度开始,可以生产该产品。

"经营流程表"记录:若进行产品研发,则在"产品研发投资"的方格内填上现金的减少数额,若本季度没有产品研发,则在方格内打"×"。

15.支付行政管理费

企业在生产经营过程中会发生诸如办公费、行政人员工资等管理费用。沙盘企业中,行政管理费是每季度财务总监从现金库中取出的1M现金,放置在综合费用的"管理费"处。

要点提示

无论企业经营情况好坏、业务量多少,行政管理费都是固定不变的,即1年共计4M的行政管理费用,这是沙盘企业与实际企业经营的差异之处。

"经营流程表"记录:每季度在"支付行政管理费"的方格内填上现金的减少数额,即登记"-1"。

16. 其他现金收支情况登记

除以上引起现金流动的项目外,还有一些没有对应项目的,如应收款贴现、其他企业的借贷、股东增资等,可以直接记录在该项中,同时建议在相关数额后面做好备注。

"经营流程表"记录:若有其他现金收支情况的发生,则在"其他现金收支情况登记"的方格内填上现金的增加、减少数额;若本季度没有,则在方格内打"×"。

17. 现金收入合计

财务总监统计本季度现金收入总额,从季初现金盘点之后开始统计。

18. 现金支出合计

财务总监统计本季度现金支出总额,从季初现金盘点之后开始统计。

19. 期末现金对账(请填余额)

每季度末,企业应对现金、原材料、在产品和产成品进行盘点,并将盘点的数额与账面结存数额进行核对。如账实相符,则将该数额填写在经营流程表对应的方格内;如果账实不符,则找出原因后再按照实际数额填写。

期末现金余额=期初现金盘点余额+现金收入合计-现金支出合计

本期的期末现金余额=下期的期初现金余额

以上19项工作每个季度都要执行。

4.3.3 年末工作

1. 支付利息、更新长期贷款、申请长期贷款

企业为了发展,可能需要借入长期贷款。长期贷款主要是用于长期资产投资,比如购买生产线、产品研发等。沙盘企业中,长期贷款只能在每年年末进行,贷款期限最长5年,每年年末付息一次,到期还本。本年借入的长期借款下年末支付利息。

(1)支付利息。根据企业已经借入的长期借款计算本年应支付的利息,之后从现金库中取出相应的利息放置在综合费用的"利息"处。

(2)更新长期贷款。将代表长期借款的空桶往现金库推进一格,表示偿还期的缩短。如果长期借款已经被推至现金库中,表示长期借款到期,应持相应的现金和"贷款登记表"到交易处归还该借款。

(3)申请长期贷款。持"贷款申请表"到交易处,经交易处审核后发放贷款。可以申请的额度为"上一年所有者权益×2-已有长期贷款"。收到贷款后,将现金放进现金库中,同时放一个空桶在长期贷款的5Y账期处。

"经营流程表"记录:在"支付利息、更新长期贷款、申请长期贷款"对应的方格内登记因支付利息、归还本金导致的现金减少数额,以及借入长期借款增加的现金数额。比如,起始年资产负债表显示长期贷款年初数额为40M,并且年末没有到期的长期贷款和没有申请新的贷款,所以在"支付利息、更新长期贷款、申请长期贷款"表格内登记"-4"。

2. 支付设备维护费

设备在使用过程中会发生磨损,要保证设备正常运转,就需要进行维护。设备维护费包括诸如材料费、人工费等。沙盘企业中,只有生产线需要支付维护费。年末,只要有生产线,并且本年生产使用过,都应支付维护费。本年未投入生产使用的生产线不支付维护费。设备维护费每年年末用现金一次性集中支付。支付设备维护费时,从现金库中取出现金放在综合费用的"维护费"处。

"经营流程表"记录:在"支付设备维护费"对应的方格内登记因支付设备维护费导致的现金减少数额。例如起始年有4条设备投入生产使用,每条设备的维护费为1M,所以在对应的表格内登记"-4"。

3. 支付租金、购买厂房

企业要生产产品,必须要有厂房。厂房可以购买,也可以租用。大厂房为自主厂房,如果本年在小厂房中安装了生产线,此时要决定该厂房是购买还是租用。如果是购买,则取出与厂房价值相等的现金置于沙盘上的"厂房价值"处;如果是租赁,则取出与厂房租金相等的现金置于沙盘上的"租金"处。年末,企业如果在使用没有购买的厂房,则必须支付租金;如果不支付租金,则必须购买。

"经营流程表"记录:在"支付租金、购买厂房"对应的方格内登记因支付厂房租金或购买厂房导致的现金减少数额。如果今年没发生以上的操作,则在方格内打"×"。

4. 计提折旧

固定资产在使用过程中会发生损耗,导致价值降低,应对固定资产计提折旧。沙盘企业中,固定资产计提折旧的时间、范围和方法可以与实际工作一致,也可以采用简化的方法。本教材沙盘规则采用了简化的处理方法,与实际工作有一些差异。这些差异主要表现在:折旧在每年年末计提一次,计提折旧的范围仅仅限于生产线,折旧的方法采用直线法取整计算。在沙盘企业会计处理上,折旧费全部作为当期的期间费用,没有计入产品成本。

根据规则对生产线计提折旧,本教材采用的折旧规则是按生产线净值的1/3向下取整计算,取到残值为止。比如,生产线的净值为10,折旧为3;净值为8,折旧为2。计提折旧时,根据计算的折旧额从沙盘中生产线的"净值"处取出相应的金额,放置在综合费用的"折旧"处。

要点提示

在计算现金支出时,折旧不能计算在内,因为折旧并没有减少现金,只是生产线净值的下降。

"经营流程表"记录:因折旧费是从生产线净值里面取得,跟现金收支没关系,所以"计提折旧"的对应方格内不应填写数字,但为了方便记录年末的折旧费用,本书规定在"计提折旧"的方格内填写计提的折旧数额,但要用括号括起来,不统计到现金的支出中。例如,起始年年末 4 条生产线的折旧费总计为 4M,故在方格内登记"(4)"。

5. 新市场开拓、ISO 资格认证投资

企业要扩大产品销路必须开发新市场,不同的市场开拓所需要的时间和费用是不同的。同时,有的市场对产品有 ISO 资格认证要求,企业就需要进行 ISO 资格认证投资。沙盘企业中,每年开拓市场和 ISO 资格认证的费用在年末一次性支付,计入当期的综合费用。

(1) 新市场开拓。从财务总监处申请开拓市场所需要的现金,放置在沙盘所开拓市场对应的位置。当市场开拓完成后,年末持开拓市场的费用表和市场开拓登记表到交易处领取"市场准入"的标识,放置在对应市场的位置,下一年年初,就可以在此市场上投放广告费用、接销售订单。

(2) ISO 资格认证投资。从财务总监处申请 ISO 资格认证所需要的现金,放置在 ISO 资格认证对应的位置。当认证完成,年末持认证投资的费用和 ISO 认证登记表到交易处领取"ISO 资格认证"标识,放置在沙盘对应的位置。

"经营流程表"记录:在"新市场开拓、ISO 资格认证投资"对应的方格内登记因开拓市场、ISO 认证导致的现金减少数额,如果本年没发生以上的操作,则在方格内打"×"。

6. 结账

一年经营结束,年终要进行一次"盘点",编制"综合管理费用明细表""资产负债表"和"利润表"。一经结账后,本年度的经营也就结束了,本年度所有的经营数据不能随意更改。结账后,在经营流程表对应的方格内打"√"。

4.4 报表填法

4.4.1 应收款登记表

如表 4-4 所示,一年下面一行的 1、2、3、4 是指第 1 年的 4 个季度,应收期右面一列的 1、2、3、4 是指应收款的应收账期。下面举例说明填写方法。

表 4-4 应收款登记表

公司	款类	一年				二年				三年			
		1	2	3	4	1	2	3	4	1	2	3	4
应收期	1												
	2			20									
	3												
	4												
到款						20							
贴现								7					
贴现费								1					

如果第 1 年第 3 季度卖了产品,应收款是 20M,应收账期是 2Q,则应在坐标(一年 3 季度,应收期 2Q)内填写数字 20。由此可以知道,这 20M 在第 2 年的第 1 季度到期,所以当企业运营到第 2 年的第 1 季度时应在到款的格子内填写数字 20。

再举一个贴现的例子,如果在第 2 年的第 3 季度企业的资金不足,需要贴现,一般情况下贴现的比例是 1∶7,即企业用 7M 的应收款贴现,则可以得到 6M 的现金,另外 1M 则要记入贴现费用,所以用来贴现的应收款必须是 7 的倍数。具体的填表方法是在第 2 年的第 3 季度贴现对应的格子内填写数字 7,在贴现费对应的格子内填写数字 1。

4.4.2 公司贷款申请表

表 4-5 和表 4-6 为公司短期贷款、紧急贷款及长期贷款申请表。

表 4-5 公司短期贷款、紧急贷款申请表

贷款类型		1年				2年				3年				4年				5年				6年			
		1	2	3	4	1	2	3	4	1	2	3	4	1	2	3	4	1	2	3	4	1	2	3	4
短期贷款	借			20																						
	还																									
紧急贷款	借																									
	还																									
短期贷款余额				60																						
监督员签字																										

表 4-6 公司长期贷款申请表

长期贷款	借			20			
	还						
长期贷款余额				20			
上年所有者权益				69			
监督员签字							

规则中规定公司长、短期贷款的额度分别为上年所有者权益的2倍（长、短期分别计算贷款额度）。如果上年所有者权益低于10M，将不能获得贷款。

首先介绍短期贷款的填写方法，如果第1年第3季度企业申请了短期贷款20M，上一年的所有者权益是49M，且总的短期贷款是20M，则公司的短期贷款余额是60M，因此应在第1年第3季度与借短期贷款交叉的格子内填写20M，且在贷款余额对应的格子内填写60M；紧急贷款和短期贷款的填写方法一样。

与短期贷款不同的是，长期贷款每年年底才能借贷。例如，公司在第3年年底申请了长期贷款20M，且第2年的所有者权益是69M，总的长期贷款是100M，则公司的长期贷款余额就是20M，因此应在第3年与借长期贷款交叉的格子内填写20，在长期贷款余额的格子内填写20。贷款数额是不能超过贷款余额的。

4.4.3　市场开拓、产品研发登记表

表4-7、表4-8、表4-9分别是市场开发投入登记表、产品开发登记表和ISO认证投资登记表。这3个表都是每年年底要和财务报表一起交给裁判的。

表 4-7 市场开发投入登记表

年度	区域市场（1年）	国内市场（2年）	亚洲市场（3年）	国际市场（4年）	完成	监督员签字
第1年	1	1	1	1	区域市场	
第2年		1	1	1	国内市场	
第3年			1	1	亚洲市场	
第4年				1	国际市场	
第5年						
第6年						
总计						

表 4-8 产品开发登记表

年度	P2	P3	P4	总计	完成	监督员签字
第 1 年	4	8	12	24		
第 2 年	1	2	3	6	P2、P3、P4	
第 3 年						
第 4 年						
第 5 年						
第 6 年						
总计						

表 4-9 ISO 认证投资登记表

年度	第 1 年	第 2 年	第 3 年	第 4 年	第 5 年	第 6 年
ISO 9000						
ISO 14000	1					
总计	1					
监督员签字						

为了便于理解,下面举例说明这 3 个表的填法。

公司在第 1 年年底对区域市场、国内市场、亚洲市场和国际市场分别都投资 1M,在第 1 年末,即可获得区域市场准入资格认证,第 2 年继续投资研发国内市场、亚洲市场和国际市场,第 2 年年末,累计投资国内市场两年,年末即可获得国内市场准入资格认证,以此类推。

在第 1 年的 3 个季度里分别投入 4M、8M 和 12M 研发 P2、P3、P4 产品,产品研发需要 5 个周期,需要继续投资才可获得产品生产资格,如第 2 年继续投入 1M、2M、3M,则 P2、P3、P4 产品研发完成情况如表 4-8 所示。

在第 1 年对 ISO 14000 认证投入 1M,具体填法参照表 4-9,以后的年度填法类同。

4.4.4 公司采购登记表

公司采购登记表如表 4-10 所示。

表 4-10 公司采购登记表

公司采购登记表																
1 年	1 季度				2 季度				3 季度				4 季度			
原材料	R1	R2	R3	R4	R1	R2	R3	R4	R1	R2	R3	R4	R1	R2	R3	R4
订购数量																
采购入库																

(1) 在"订购数量"一栏填入计算好的当期订购的材料数量;

(2) 在"采购入库"一栏填入前期订购当期入库的原材料数量。

4.4.5 利润表

年末,要核算企业当年的经营成果,编制利润表。利润表中各项目的计算如表4-11所示。

表4-11 利润表的编制说明(以起始年为例)　　　　　　　　　　　　　单位:百万元

序号	项目		上年	本年	数据来源
1	销售收入	+	35	32	产品核算统计表中的销售额合计
2	直接成本	−	12	12	产品核算统计表中的成本合计
3	毛利	=	23	20	产品核算统计表中的毛利合计
4	综合费用	−	11	9	综合管理费用明细表的合计
5	折旧前利润	=	12	11	序号3行数据−序号4行数据
6	折旧	−	4	4	盘点盘面上折旧数据
7	支付利息前利润	=	8	7	序号5行数据−序号6行数据
8	财务收入/支出	+/−	4	4	支付借款、高利贷利息和贴息计入财务支出
9	其他收入/支出	+/−			其他财务收支
10	税前利润	=	4	3	序号7行数据−(+)序号8、9行数据
11	所得税		1	1	序号10行数据为正数时除以4取整
12	净利润	=	3	2	序号10行数据−序号11行数据

4.4.6 资产负债表

年末,要编制反映企业财务状况的资产负债表。资产负债表中各项目的计算如表4-12所示。

表4-12 资产负债表的编制说明

资产		年初	年末	数据来源	负债+所有者权益		年初	年末	数据来源
流动资产:					负债:				
现金	+	20	42	盘点现金库中现金	长期负债	+	40	40	除1年到期长期负债
应收款	+	15	0	盘点应收款	短期负债	+	0	0	盘点短期借款
在制品	+	8	8	盘点生产线上在制品	应付款	+	0	0	盘点应付款
成品	+	6	6	盘点库中成品	应交税	+	1	1	根据本年度利润表中的所得税填列
原料	+	3	2	盘点原料库中原料	1年到期的长期负债	+			盘点1年到期的长期负债
流动资产合计	=	52	58	以上5项之和	负债合计	=	41	41	以上5项之和
固定资产:					所有者权益:				
土地和建筑	+	40	40	厂房价值之和	股东资本	+	50	50	股东不增资的情况下为50
机器设备	+	13	9	设备净值之和	利润留存	+	11	14	上一年利润留存+上一年年度净利
在建工程	+			在建设备价值之和	年度净利	+	3	2	利润表中净利润
固定资产合计	=	53	49	以上3项之和	所有者权益	=	64	66	以上3项之和
总资产	=	105	107	流动资产+固定资产	负债+权益	=	105	107	107

 能力训练

根据沙盘模拟企业某年的经营流程表及订单登记表的数据,完成当年度的销售产品核算统计表、综合费用明细表、利润表和资产负债表的编制填写,并对当年的经营决策简单分析。

企业经营流程 请按顺序执行下列各项操作。	每执行完一项操作,CEO在相应的方格内打勾。 财务总监(助理)在方格中填写现金收支情况。			
新年度规划会议	√			
参加订货会、登记销售订单	−3			
制定新年度计划	√			
支付应付税	−1			
季初现金盘点(请填余额)	16	27	22	16
更新短期贷款、还本付息、申请短期贷款(高利贷)	+20	−21	×	×
原材料入库、更新原料订单	√	−1	−2	−3
下原料订单	√	√	√	√
更新生产、完工入库	√	√	√	√
投资新生产线、变卖生产线、生产线转产	−5	×	×	×
开始下一批生产	−2	−1	−2	−3
更新应收款、应收款收现	×	20	√	√
出售厂房	×	×	×	×
按订单交货	√	×	×	×
产品研发投资	−1	−1	−1	−1
支付行政管理费	−1	−1	−1	−1
支付利息、更新长期贷款、申请长期贷款				−2/+20
支付设备维护费				−5
支付租金、购买厂房				×
计提折旧				(4)
新市场开拓、ISO资格认证投资				−3
结账				√
现金收入合计	20	20	0	20
现金支出合计	−9	−25	−6	−18
期末现金对账(请填余额)	27	22	16	18

销售订单登记表

订单号	01	02		合计
市场	本地	区域		
产品	P1	P1		
数量	4	3		
账期	1	4		
销售额	20	16		

产品销售核算统计表

	P1	P2	P3	合计
数量				
销售额				
成本				
毛利				

利润表 单位:百万元

项目	本年数
销售收入	
直接成本	
毛利	
综合费用	
折旧前利润	
折旧	
支付利息前利润	
利息支出	
税前利润	
所得税	
净利润	

综合管理费用明细表　　单位：百万元

项目	金额	备注
管理费		
广告费		
维护费		
租金		
转产费		
市场准入开拓		
ISO 资格认证		
产品研发		
其他		
合计		

资产负债表　　单位：百万元

资产	期初数额	期末数额	负债和所有者权益	期初数额	期末数额
流动资产：			负债：		
现金	20		长期负债	20	
应收款	0		短期负债	20	
在制品	8	10	应付款		
成品	12	12	应交税金	1	
原料	2	0	一年内到期的长期负债		
流动资产合计	42		负债合计	41	
固定资产：			所有者权益：		
土地和建筑	40		股东资本	40	
机器与设备	13		利润留存	8	
在建工程			年度净利	6	
固定资产合计	53		所有者权益合计	54	
资产总计	95		负债和所有者权益总计	95	

第 5 章 实战中成长

5.1 企业经营的本质

企业经营是指企业以市场为对象,以商品生产和商品交换为手段,为实现企业的目标,使企业的投资、生产、销售等经济活动与企业的外部环境保持动态平衡的一系列有组织的活动。

获取利润是企业生存和发展的前提,因此,企业经营的目的就是提高企业获取利润的能力,即以一定的资本获取尽可能大的利润。企业经营流程如图 5-1 所示。

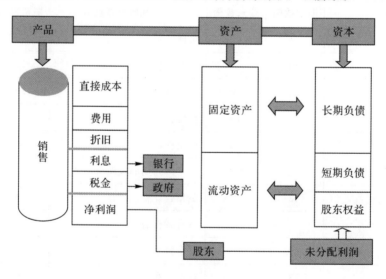

图 5-1 企业经营流程示意图

由图 5-1 可以看出,企业经营的回报最终通过净利润的形式返回到股东权益,因此,企业经营的本质即为股东权益的最大化。在 ERP 沙盘模拟企业经营过程中,股东权益增加的唯一来源就是净利润。最终所有者权益的高低也是衡量沙盘企业经营效益最重要的指标。

知识链接

净资产收益率（return on equity，ROE），又称净资产利润率、股本回报率，它是企业税后利润除以净资产（股东权益）得到的百分比率。该指标反映股东权益的收益水平，用以衡量公司运用自有资本的效率。指标值越高，说明股东投资带来的收益越高。

总资产收益率（return on total assets，ROTA）是另一个衡量企业收益能力的重要指标，它是由企业税后利润除以企业平均资产总额（平均负债总额＋平均所有者权益）得到的百分比率。

ROTA越高，说明企业的经营能力越强，相当于企业中一块钱的资产能获利多少。但我们知道，企业的资产并不都是属于股东的，股东最关心的还是自己的收益率，ROE反映的则是股东一块钱的投资能收益多少，当然越高越好。两者关系如下：

$$净资产收益率 = \frac{净利润}{权益} = \frac{净利润}{总资产} \times \frac{总资产}{权益} = 总资产收益率 \times \frac{1}{1-资产负债率}$$

企业是一个以营利为目的的组织，因此，经营的最终目的必然是营利。那么，企业如何才能实现营利呢？当然，在谈营利之前，企业首先要能够生存（持续经营），只有能够生存下来，企业才有机会谈及营利。

5.1.1 企业生存

企业想要创造和提高利润，首先应该保证能够活下来，生存是企业经营的基础。《中华人民共和国企业破产法》规定，企业因经营管理不善造成严重亏损，不能清偿到期债务的，可以依法宣告破产。这从另外一个角度告诉我们，在沙盘企业的模拟经营中，如果出现以下两种情况，企业将宣告破产。

1. 现金断流

在市场经济条件下，企业现金流量在很大程度上决定着企业的生存和发展能力。即使企业有营利能力，但若出现资金周转不畅、调度不灵，也会严重影响企业正常的生产经营，最终可能会威胁到企业的生存。因此，现金流量信息在企业经营和管理中的地位越来越重要。因此我们在实训中规定，如果企业现金不足，导致现金断流，企业的负债到期无力偿还，企业就会破产，退出市场竞争。

 知识链接

现金为王——资金是企业经营的血液。如果企业没有足够的现金流来满足业务的支出，其结果就是经营中断，甚至破产。

在现实生活中，有些企业虽然账面盈利颇丰，却因为现金流不足而倒闭；而有些企业虽然长期处于亏损之中，但却可以依赖着自身拥有的现金流得以长期生存。

2. 资不抵债

资不抵债是指企业的全部资产合计总额不足以偿付其全部债务合计总额。企业至少应当拥有相当于注册资本数额的资产。当企业净资产为零时，即意味着投资人的原始出资（即注册资本）全部亏尽，企业的财产基石已不复存在。此时，投资人要么通过增加注册资本即增资的方式来拯救公司，要么只能面对客观现实——破产清算。

因此我们在实训中规定，如果企业出现资不抵债的状况，其所有者权益变为负数时，则企业"破产"，退出市场竞争。

5.1.2 企业营利

企业是一个以营利为目的的经济组织，企业经营的本质是股东权益最大化，即营利。而从利润表中的利润构成中不难看出营利的主要途径有两种：一是扩大销售（开源）；二是控制成本（节流）。

1. 扩大销售

利润主要来自销售收入。在 ERP 沙盘模拟企业经营的过程中，企业经营者可以通过增加销售来获取更多利润。如图 5-2 所示。

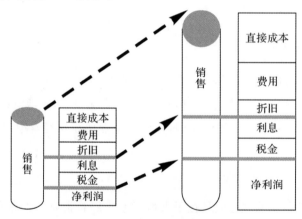

图 5-2　通过提升销售额增加净利润

销售收入由销售数量和产品单价两个因素决定。

（1）提高销售数量有以下几种方式。

①维护好现有市场，开拓新市场。在企业模拟经营沙盘中主要有 5 个市场，每个市场对各种产品的需求量、价格、要求等在不同时期各不相同。因此企业可以通过不断开拓市场来增加销售。

②研发新产品。企业模拟经营沙盘中有 4 个产品，其中 P1 是已经研发的产品，P2、P3、P4 是未开发产品，因此企业可以通过增加产品品种来增加销售。企业根据市场需求确定主营一种或多种产品。主营产品可由企业根据各个市场需求的变化及竞争对手的情况做出选择。因此企业想要增加销售，必须研究竞争对手，制定适宜的产品竞争策略。

③扩建或改造生产设备,提高产能。企业在扩大销售投入的同时,还要有与扩大了的市场需求相匹配的生产能力。在实际训练过程中,很多沙盘企业出现销售能力很强,市场需求也很大,但生产能力跟不上的情况,错失了很多接单机会,因此企业需要扩大产能,提供足够的产品来增加销售额。ERP沙盘模拟企业经营中主要通过增加生产线、改进生产线品质来增加产能,并在生产时实时安排生产计划,以提高产能利用率。

④合理加大广告投放力度,进行品牌宣传。投入广告费越多可以拥有获得更多订单的机会。但是广告费的投入必须合理,否则占用资金过多,将对企业后续经营产生不利影响。

(2)提高产品单价受很多因素制约,但企业可以通过市场需求分析,选择单价较高的产品进行生产,或者在选单过程中尽可能选择报价高的订单。

2. 控制成本

除了增加销售,企业也可以通过控制产品成本达到增加利润的目的。如图5-3所示。

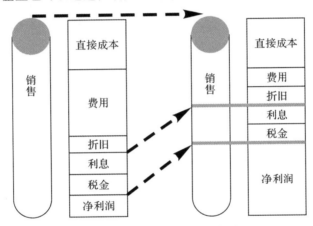

图5-3 通过控制成本增加净利润

产品成本分为直接成本和间接成本。控制成本主要有以下两种方法。

①降低直接成本。直接成本主要包括构成产品的原料费和人工费。在"手工 ERP 沙盘模拟"课程中,原料费由产品的 BOM(bill of materials,物料清单)结构决定,在原材料价格固定的情况下没有降低的空间;用不同生产线生产同一产品的加工费也是相同的,因此在"ERP沙盘模拟"课程中,产品的直接成本是固定的。

> **要点提示**
>
> 电子沙盘实训中设置了原材料批量采购是有折扣的,不同生产线生产同一产品的加工费和成品率也有差异,对此方面经营决策能力的要求有所提高,仿真效果更好。
>
> 另外,生产设备的折旧费在现实企业中会划入生产成本,产品销售后会结转到直接成本。认真分析生产线的规则,进行合理安装,可以一定程度地降低折旧费。比如生产线的跨年安装策略。

②降低间接成本。从节约成本角度,可以把间接成本区分为投资性支出和费用性支出两类。投资性支出包括购买厂房、投资新的生产线等,这些投资是为了扩大企业的生产能力而必须发生的;费用性支出包括营销广告、贷款利息等,通过有效筹划是可以节约一部分的。例如:通过有效分析竞争对手和市场,在获取订单的同时节省广告费用;通过合理的生产安排,在提高产能利用率的同时尽量节省生产线的租金或维护费用;通过有效财务管理降低利息等财务成本。

5.2 企业经营策略分析

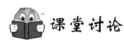

同学们在ERP沙盘模拟企业经营中有没有遇到以下几种情况:
(1)刚开始就建了很多生产线,建成后却发现流动资金不足,只能被迫停产。
(2)盲目研发产品、开拓市场,直到经营结束也没有用上。
(3)在某个市场投放大量广告,却发现并没有什么竞争对手,广告费用浪费极大。
(4)还没有弄清楚生产何种产品、生产多少,就匆匆忙忙采购一堆原材料。
(5)销售情况不错,但利润就是上不去。
请大家互相讨论一下,上述问题的出现,主要是企业经营中哪方面的工作没有做到位?

5.2.1 战略

1. 战略的内容

企业经营战略简称企业战略,是指在市场经济条件下,企业为谋求长期生存和发展,在充分分析内部条件和外部环境的基础上,以正确的指导思想对企业主要目标、经营方向、重大经营方针、策略和实施步骤做出长远、系统和全局的谋划。企业战略规划通常由企业的CEO负责。

(1)外部环境与内部条件分析。企业经营活动要使内部经济资源和外部环境达成动态平衡,就必须制定和实施适应外部环境的企业战略。经营者需要了解外部环境中哪些会为企业带来机遇,哪些会对企业形成威胁,进而掌握企业过去和目前的状况,了解企业内部经济资源是否充足、资源配置是否合理。只有全面把握企业的优势和劣势,才能使企业战略不脱离实际。

(2)战略目标。企业在某一段时间内要完成什么任务?这个目标的实现要有时间限制,并且是可以计量的,具有总领性和现实可行性。企业战略目标的内容包括营利能力、生产效率、市场竞争地位、产品结构、财务状况、企业的技术水平、企业的建设与发展、社会责任等。

(3)经营方向。经营方向指明了企业现在可以提供的产品与服务,以及在未来一定时期内决定进入或退出、决定支持或限制的某些业务领域,它为企业活动确定了界限。

(4)经营策略。经营策略提供了企业经营的指导思想和行动框架,规定了企业如何利用其自身资源开展业务活动,以求将战略转化为具体目标、计划、行动后的绩效。它应具体规定企业管理阶层的工作程序和决策规则,研究和规划企业的经营重点,部署资源,明确企业营销、生产、研发、人力资源、财务等各方面的工作方针及相互关系的协调方法。

(5)实施步骤。制定战略后,企业必须将战略方案转变为战略行动,这一转变过程就是战略实施。战略实施的步骤规定了一个战略目标需要分为几个阶段以及每个阶段所要达到的目标。战略实施不可能一蹴而就,客观上需要循序渐进。

2. 战略的选择

迈克尔·波特于20世纪80年代初提出:企业存在于竞争环境中,而这个竞争环境中主要存在着决定竞争规模和程度的5种力量。在这5种力量的竞争中蕴含着3种企业应对战略,即成本领先战略、差异化战略和集中战略。这3种战略可以作为企业战略选择的参考。波特5力模型与3种战略的关系如表5-1所示。

表5-1 波特5力模型与3种战略

行业内的5种力量	3种战略		
	成本领先战略	差异化战略	集中战略
同行业内现有的竞争者之间的竞争	更好地进行价格竞争	品牌忠诚度能使顾客不理睬你的竞争对手	竞争对手无法满足集中差异化顾客的需求
行业新加入者的威胁	具备杀价能力以阻止潜在加入者的进入	培育顾客忠诚度以挫伤潜在加入者的信心	通过集中战略建立核心能力以阻止潜在加入者的进入
替代品的威胁	能够利用低价抵御替代品	顾客习惯于一种独特的产品或服务,因而降低了替代品的威胁	特殊的产品和核心能力能够防止替代品的威胁
供应商讨价还价的能力	更好地抑制大卖家的议价能力	更好地将供应商的涨价部分转嫁给顾客方	进货量低,供应商的议价能力就高,但集中差异化的公司能更好地将供应商的涨价部分转嫁出去
购买者讨价还价的能力	具备向大买家出更低价格的能力	因为选择范围小而削弱了大买家的谈判能力	因为没有选择,大买家丧失谈判能力

3. 战略的调整

企业战略不是一成不变的,而是根据企业内外部环境的变化和竞争对手的发展情况动态调整的,以期创造持久的竞争优势。一是永远要立足于企业自身的发展需要,这是根本的出发点;二是前三年是经营的关键期,此时企业资源较少,战略的实施必须步步为营,把资金充分利用起来;三是永远不要忘记竞争对手,对手的一举一动都会对企业产生重大影响。

5.2.2 市场

1. 市场预测分析

市场预测是整个战略计划的关键所在,只有正确分析市场容量、市场需求导向、市场营利空间等问题,才能正确完成生产策略、融资方式、广告计划、财务分析等。可以说,市场预测是一切 ERP 沙盘的运作前提。

(1)读懂市场预测图。柱形图预测了产品需求的变化及其发展趋势。如图 5-4(a)所示,横坐标代表年,纵坐标上标注的数字代表产品数量,各产品下柱形的高度代表该产品某年的市场预测需求总量。

折线图标识了产品的价格变化和趋向。如图 5-4(b)所示,横坐标表示年,纵坐标表示价格。在市场预测中,除了直观的图形描述外,还要用文字加以说明,其中尤其需要注意顾客对于技术及产品的质量要求等细节。

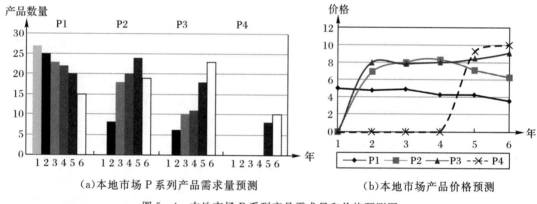

(a)本地市场 P 系列产品需求量预测　　(b)本地市场产品价格预测

图 5-4　本地市场 P 系列产品需求量和价格预测图

(2)市场信息数字化。拿到市场预测图后,接下来要做的是将图表信息转换为易于识读的数据表。以本地市场为例,如表 5-2 和 5-3 所示。通过这样的"数字化"转换处理后,可以清晰地看到市场 6 年的预测数据。并且可以根据产品价格和成本计算毛利,通过均量与均价判断该市场容量大小。

表 5-2　本地市场 P 系列产品需求量表

年份	P1	P2	P3	P4
1	27			
2	25	8	6	
3	23	18	10	
4	22	20	11	
5	20	24	18	8
6	15	19	23	10

表5-3 本地市场P系列产品价格表

年份	P1	P2	P3	P4
1	5			
2	4.8	6.8	7.9	
3	4.9	7.8	7.8	
4	4.2	8	8	
5	4.2	7.1	8.4	9.3
6	3.6	6.3	9	10

(3)数据分析。本例中,从表5-2可见,本地市场对P1、P2、P3、P4的需求量有不同的变化趋势。P1需求量有下降趋势,P2在第5年达到需求高峰,P3的需求量不断攀升,P4产品市场需求量少并且前四年没有市场需求,即没有订单。根据以上数据初步判断P1、P2、P3可以作为主打产品生产,并且不同年份产量各有侧重,P4产品可以少量生产。

从表5-3中可以看出,①P1的价格低,毛利低,并且有下降趋势,在新产品还没做起来的1~2年可以作为主打产品;②P2的价格与它的需求高峰期基本一致,在第4年达到了最高,即毛利最大,所以第3~5年主打P2,因研发周期的存在,第1年就应研发P2;③P3的价格和需求量有上升趋势,在P2有所下滑的第5~6年建议主打P3;④虽然在第5年开始P4产品有市场,价格与P3相差较大,但P4产品的成本较P3大,导致P4实际利润较低,P4有选择性地研发,可根据当时的竞争状况决定。

此分析以本地市场为例,分析方法同样适用于其他市场。

2. 市场开拓

如果资金充裕,5个市场都应该开拓,并且争取在第一年都进行开拓;如果资金紧张,必须放弃部分市场的开拓,根据产品组合选择产品市场更广、价格更高的市场优先开发,应先暂停周期长的市场的开拓。

此外,根据事先拿到的市场预测,可分析出哪个市场的营利空间较小,首先选择放弃营利空间较小的市场或市场产品结构与企业决策产品组合不相符的市场。

原则上建议市场都不要放弃,因为市场开拓后,只要利用起来带来的收益就会比较可观,并且通过规则可以看出市场开拓的费用不高。

3. ISO认证

任何资金,都希望投资后就能得到有效利用和回报。对于认证,一般第4年只有少数客户对ISO 9000有要求,从第5年开始就有较多的客户对ISO 9000和ISO 14000有要求,并且产品越高级认证要求越高,年份越往后认证要求越高。如果是6年的市场并且以P2为主打产品,可以适当放弃;如果是8年的市场,建议都要认证。ISO 14000的认证比ISO 9000多一年,因此如果要认证的话,对ISO 9000建议在第3年开始进行认证,ISO 14000建议在第2年开始进行认证。

ISO认证和市场开拓哪个更重要？当然是市场开拓更为重要，若没有市场开拓就没法实现销售，而如果没有ISO认证，企业同样可以实现销售，只是销售面窄，利润较低。市场是实现产品价值和剩余价值的唯一场所。ISO认证只有在市场中才能发挥其作用，脱离市场就为零，可以这样说，市场是认证的基础，认证是市场的补充。

4. 市场领导者地位

(1)"市场老大"解读。沙盘实训中，市场领导者被称为"市场老大"。规则告诉我们："市场老大"是指上一年度某市场所有产品销售总额最大的企业，有优先选单的权利。在没有"市场老大"的情况下，根据广告费多少来决定选单次序。于是，很多人就形成了一个认识误区："市场老大"广告费多。其实不然，"市场老大"比较的是整个市场的总销售额，而非一个产品单一的销售量。例如：A公司只有P1产品，而B公司拥有P1和P2两种产品，那么在选单过程中，即使最大的P1订单被A公司获得了，但是只要B公司P1和P2两种产品的销售总额大于A公司，那么无论A公司投入多少广告费，"市场老大"仍然不是A公司。这就要求我们在抢"市场老大"地位的时候，不能只考虑靠"蛮力"猛砸广告费，更要考虑利用"巧劲"，即用合理的产品组合"偷"来"市场老大"。

"市场老大"地位是把双刃剑，用得好了，威力无穷；用得不好，则很有可能"赔了夫人又折兵"。因此到底要不要做"市场老大"，用多少广告费抢"市场老大"地位，以什么样的产品组合抢"市场老大"地位，这些都需要经过严密的计算后再博弈。

(2)该不该抢"市场老大"地位？市场老大可以优先选择订单，这样就能用少量的广告费实现在本市场比其他广告费多的企业更多的销售额，所以"市场老大"的优势非常明显。在一定资金允许的情况下，抢一下"市场老大"的策略是比较可行的。但是管理决策经常出现同质化思维的情况，如果每个组都想抢"市场老大"，砸很多广告费，很可能"赔了夫人又折兵"，风险较大。"市场老大"的地位每个市场只有1个，所以要不要抢，需根据企业自身和竞争对手的情况进行分析，慎重选择。

(3)抢"市场老大"的策略。要抢一个市场的领导者地位，就要在打广告的时候将自己所拥有的产品种类全上。比如要抢亚洲市场的领导者，自己有P1、P2、P3三种产品，应该在这三种产品上都打广告，且尽可能地多轮抢单，多抢大额订单，使自己所有产品在该市场上的销售总额最大化。

抢市场领导者可以通过两种方式。一种是通过多打广告优先选单。企业可以选择销售额比较大的订单，从而获得市场领导者的地位。另一种是通过新产品抢先投放市场。每一小组都需要研发新产品，但每一小组的研发时期却大不相同。企业如果能够赶在其他小组之前研发出新产品并生产销售，由于该新产品只有少数厂家(甚至可能只有一家)生产并销售，则可以用少量的广告费拿到较多订单。多了一种新产品的销售额，就更容易得到市场领导者的地位。当然，这两种方式都需要有产能的保证，也需要有好的广告策略。

(4)如何保住"市场老大"。经营沙盘的人都知道,保住一个市场领导者远比抢一个市场领导者容易,因为不用投入太多的广告费,只要把尽量多的产品往自己想要保住的市场上销售即可,对于不想抢"老大"的市场则可选毛利最大的订单。至于广告策略,在该市场上,可以对需求较多、可能会选两轮单的产品投 3M 的广告费,对需求较少、可能只有一轮选单机会的产品投 1M 的广告费;选单时尽可能选择大单;丰富产品线,在该市场上尽可能用多种产品投广告选单;对于投资,应该加快新产品的研发速度,同时尽快进行 ISO 认证。

5.2.3 广告与选单

1. 广告策略

广告费怎么投?投入多少最合适?这是沙盘模拟经营中同学们经常问到的问题。很多人希望得到一个"秘笈"、一个"公式"或一个"方法",可以直接套用并保证准确。其实,在沙盘模拟经营过程中,几个企业真正博弈的战场就是在市场选单的过程中。产品的选择、市场的选择都集中反映在广告投放策略上。兵无定式、水无常形,不同的市场、不同的规则、不同的竞争对手等一切内外部因素,都可能导致广告投放策略的不同。因此,要想找一个一劳永逸的公式做到准确无误地投放广告,确实不太可能。那么,是不是广告投放就没有任何规律可循呢?当然不是!很多优秀的市场总监都有一套广告投放的技巧和策略。下面先探讨一下关于广告投放的一些基本要素,以便更好地投放广告。当然还是那句话,没有绝对制胜的秘籍。因此,下面提供的方法也仅供参考。

通常拿到一个市场预测后,首先要做的就是将图表信息转化成更易于识读的数据表。通过这样的"数字化"转换以后,可以清晰地看到各种产品、各个市场、各个年度的不同需求和毛利。通过这样的转换,可以一目了然地找出不同时期市场的现金牛产品是什么,以帮助战略决策;更重要的是,通过将市场总需求量与不同时期全部小组的产能相比较,可以分析出该产品是供过于求还是供不应求。通过这样的定量分析,就可以大略地分析出各个市场的竞争激烈程度,从而帮助确定广告投放量。如果供过于求,说明市场竞争非常激烈,比如 1~3 年的市场,细分市场也少,每个细分市场上应多打些广告;如果供不应求,接单就比较容易,比如 4~6 年的市场,细分市场也多,只要投广告大概率都能接到单,这时每个细分市场则少打广告。

另外,除了考虑整体市场的需求情况外,还可以用这些需求量除以参与经营的企业数量,得到一个平均值。那么在投放广告时,如果企业打算当年出售的产品数量大于这个平均值,意味着可能需要投入更多的广告费用去抢夺别人手里的市场份额;反过来,如果打算出售的产品数量小于这个平均值,那么相对来说可以少投入一些广告费。

除了根据需求量分析以外,广告投放还要考虑整体广告方案,"吃透"并利用规则:"若在同一产品上有多家企业投入的广告费相同,则按该市场上全部产品投入的广告费决定选单顺序;若该市场上全部产品投入的广告费也相同,则按上年该市场销售额的排名决定顺序。"在某一市场上整体广告费偏高，或者前一年销售额相对较高的情况下，可以适当优化部分产品的广告费用，从而实现整体最佳的效果。

2. 开局广告投放

在运营中，对于刚进入这个行业的新企业，首先要让顾客了解这个企业的产品及其质量和功能。那么就需要来打广告，并确定合适的广告费用和广告规模。第一年广告费是最难决定的，因为第一年订单很少，大多数企业只能拿到一张订单，并且夺得了市场领导者的地位，下一年就能省不少广告费。但是如果投得过多，又没有成为市场领导者，局面就会一下子变得很被动，因此面对很多初次与之交锋、捉摸不透的竞争对手，一般广告费不宜投得过高，投一个中等数量的广告费，拿一个使毛利减去广告费所得余额最大的订单便是企业最适宜的选择。这是一个多重博弈的过程，准确地揣摩对手的心理显得尤为重要。可以根据市场需求，制定企业自己主要实现的销售目标，通过博弈、心理战术投入能实现销售目标的广告费。

3. 订单内容

订单上一般包括订单号、市场、产品、数量、账期、销售额等项目内容。这些项目在选择订单时基本上都要考虑。在选订单时，对于不同的情况要求考虑的重点也不同。在企业销售困难时应该选择数量多、销售额大的订单；销售容易时应该选择利润高、账期短的订单；财务困难时应该选择账期短的订单，或者是选择通过贴现为现金后比短账期订单更好的长账期订单。

符合企业需要的订单就是好订单。对于竞争激烈的市场，销售额多的订单为好订单；竞争不激烈的市场，利润空间大的订单是好订单。

4. 订单选择

（1）计算产能。在选单环节之前，通常要先计算好企业的产能，甚至细化到每个季度可以生产多少产品，有多少产品是可以通过转产来实现灵活调整的。在对企业的产能情况了如指掌后，通过分析市场预测，大概确定准备在某个市场上出售多少产品，同时决定相应的广告费。

在所有企业完成广告投放之后，可以用短暂的一两分钟时间快速地分析企业在各个市场上的选单次序。这时候需要对比分析原来设计的产品投放安排，根据各个市场的选单排名做出及时调整，以保证实现销售最大化。

原则上选单的产品总量是不能超过当年的产能和库存之和的，但有些特殊情况灵活处理效果会更佳。在某年打完广告费，竞选订单时有可能会遇到现有的产能不能满足销售的情况。如现有的产能只有 4 个 P2，但有一张订单需求是 5 个 P2，如果拿到这张订单就是"市场老大"。在这种情况下，应该选择这张订单，因为第一季度购买一条手工生产线，就能在本年生产出产品并销售，以满足大订单需求实现成为"市场老大"的目的。

（2）计算边际贡献。订货会上有一个很让人纠结的问题：需求量大的订单往往单价比较低，接了这样的订单单位利润比较少，有些不甘心；单价高、利润大的订单，往往是销售量小的订单，接了这样的订单又担心不能把产品都卖完，造成库存积压。到底应该选单价高的产品还是销售量大的产品呢？面对这样两难的问题，可以根据边际贡献法确定。

对于销售数量不同的两张订单,用销售额的增加除以销售数量的增加,再减去该种产品的直接成本就得到该种产品的边际贡献。用这一边际贡献与企业对该种产品要求的最低毛利相比,边际贡献大于毛利就选择数量多的那张订单,否则选择数量少的那张订单。

(3)市场因素的影响。经营初期通常市场产品较单一,竞争激烈。在所有企业的产能都比较低的情况下,由于前期发展的需要,建议以尽可能多地销售产品为目标,这样既可以加快资金周转,还可以避免造成严重亏损,使所有者权益维持较高的数值,贷款额度充足,缓解资金压力。在后期,由于市场和产品的多样化,市场竞争有可能放缓。在这样的情况下,很多时候只要投入 1M 就有可能"捡到"一次选单机会。这时"卖完"已经不是企业最重要的任务,而是考虑怎么将产品"卖好"。特别是到了后期,强队之间的权益可能只相差几百万元,而企业每年最多都只能产出 40 个产品。在这种情况下如果可以合理地精选单价高的订单,就有可能形成几百万元甚至上千万元的毛利差距。

5.2.4 产品

1. 产品定位

在 ERP 沙盘模拟企业经营的过程中,"波士顿矩阵"分析法通过市场增长率(本年总销售额与上年总销售额的差除以上年总销售额后得到的百分比)和市场占有率(该产品本企业销售量除以该产品市场销售总量得到的百分比)两个指标,将 P 系列产品定义为 4 种类型。如图 5-5 所示。

沙盘企业的产品线尽可能丰富,仅靠经营单一产品抗风险能力很弱,销售能力不强。要想提高营利能力,建议扩宽产品线,即经营多种产品,且产品的定位分布要合理,并适时进行调整。

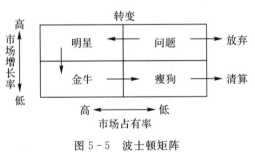

图 5-5 波士顿矩阵

(1)问题产品(question marks),是处于高增长率、低市场占有率象限内的一类产品,且往往是一个企业开发的新产品。为发展问题产品,企业必须建立工厂,增加设备和人员,以便跟上迅速发展的市场,并超过竞争对手,这样一来就意味着需要大量的资金投入。比如刚处于起步发展阶段的 P2、P3、P4 产品。

(2)明星产品(stars),是处于高增长率、高市场占有率象限内的一类产品。明星产品是由问题产品继续投资发展起来的,可以视为高速成长市场中的领导者,它将成为公司未来的现金牛产品。明星产品不一定就会给企业带来源源不断的现金,因为市场还在高速成长,企业必须继续投资,以保持与市场同步增长,并击退竞争对手。比如处于发展期的 P2、P3、P4 产品,市场需求量较高,还有继续增长的势头。

(3)金牛产品(cash cow),又称现金牛产品,是处于低市场增长率、高市场占有率象限内的一类产品。对于金牛产品来说,由于市场占有率已经很高了,企业不必大量投资来扩展市场占有率,投入会极大地减少;同时作为市场中的领导者,该产品享有规模经济和高边际利润的优势,因而给企业带来大量现金。企业往往用金牛产品的获利来支付账款并支持其他需要大量现金的产品。比如处于成熟期的 P1、P2、P3 产品,市场需求量达到峰值,且有下降的势头,是营利能力最强的时候。

(4)瘦狗产品(dogs),也称衰退类产品。它是处在低增长率、低市场占有率象限内的一类产品。一般情况下,这类产品是微利甚至亏损的产品,对此类产品应采用撤退战略或放弃战略。首先应减少生产批量,逐渐撤退,对那些销售增长率和市场占有率均极低的产品应立即淘汰;其次是将剩余资源向其他产品转移。比如处于第 6~8 年的 P1、P2 产品,市场需求量下降,价格也同时降低,营利能力较弱,这时应该战略转移或放弃。

2. 产品研发

产品研发是企业整个战略中最为重要最为关键的部分,好的产品组合能使企业由高成本低利润率的生产平稳过渡到低成本高利润率的生产,决定着整个企业的生命。模拟运营需要进行研发的产品一般为 3 种(P2、P3、P4)。一般来说,P2 都需要研发,并且都是第一年开始研发,第二年就能进行生产销售。通过 6 年的市场预测可以看出,P2 在前几年都是有需求的,并且处于递增趋势,毛利也比 P1 高得多,所以前期仅靠卖 P1 是很难营利的。P3 和 P4 的研发是后期策略的重点,决策时除了依据市场需求、财务状况及生产线的投资选择外,还应考虑竞争对手、产品的成本回收期和产品生命周期等因素。并不是两种产品都得研发,有时只需要研发其中的一种产品。在选择了其中的一种产品研发后,再决策第二种产品是否研发时,应该考虑该产品研发后是否会增加企业的利润,如果不能,看其替代品销售增加的回报是否能弥补该产品的研发及各项相关费用的支出;如果能提高利润,应将增加销售带来的回报与成本对比、权衡,有利研发,无利则不研发。该回报包括增加的利润、节约的广告费及更易争抢"市场老大"的好处等;相关成本费用包括产品研发费用、折旧费用、维护费用以及在研发过程中所发生的各种借款的利息费用之和。

企业还要选择一款产品作为自己后期的主要利润来源。这款产品首先利润要高,市场需求量要大,其次价格要稳定,市场需求不能大起大落。这款产品根据市场预测表决定,一般是 P2 或者 P3。P1 的价格太低,P3、P4 的研发费用及生产成本又太高,从 P1 直接过渡到 P3 或 P4 企业运营势必会很艰难,甚至有破产的危险,因此在低端产品和高端产品之间应该选出一款中端产品作为过渡。P2 或 P3 就是这样的产品。

一般来说,如果参考本书 6 年的市场预测,一个比较成功的企业的产品组合可能是 P1、

P2、P3 或 P1、P2、P4,少数情况可全部研发;如果参考本书 8 年的市场预测,比较成功的组合是 P1、P2、P3 或 P1、P2、P3、P4。但这些组合并不是绝对的,大家可以根据实际情况灵活选择,灵活应对突发情况,变通创新才是制胜法宝。

要点提示

在实际操作中经常会发现,有的企业一开始还没考虑建生产线,就先投资研发产品,结果导致产品研发完成了,可是生产线还没建成,无法正常生产;也有的企业早早就建好了生产线,但是因为产品研发没完成,导致生产线白白停工,也无法投入正常生产。

产品研发、生产线建设都是按季度投资进行的。最理想的状态应该是产品研发完成时,生产线也刚好建成可以使用。

5.2.5 生产

1. 买厂房与租厂房

用友 ERP 沙盘规则中有明确介绍:购买厂房只能在运作记录表中规定的每年年末进行,购买时需要将等值现金放到厂房价值位置。已购买的厂房不需要缴纳租金。那么厂房究竟是购买划算还是租用划算?在不同的情况下有不同的选择。下面通过数据来说明,大厂房的购买价格为 40M,每年租用费用为 5M;小厂房购买价格为 30M,每年租用费用为 3M。如果借长期贷款把大厂房买下来,利率是 10%,每年的利息大概是 4M,而租金是每年付 5M。将租厂房改为买厂房,那么每年就会减少 1M 的费用,而这 1M 可被直接视为净利润的增加。

然而需要看到,计算的前提是借长期贷款买厂房,如果公司当前的权益较低,无法进行长期融资怎么办?厂房既是投资项目,也是融资手段。上面计算过,相对于租赁,购买厂房可获得一定的资金收益率。那么如果将厂房作为融资手段,出售大厂房一年相当于借入利率 12.5% 的贷款,出售大厂房的融资方式比贴现划算(1/7=14.3%)。由此可见,如果市场供小于求或者资金紧张的时期,卖转租可能会取得更大的收益。

一般来说,市场较大、利润空间也比较大时,选择租用厂房,用需要购买厂房的那一部分资金进行生产线的投资或缓解资金压力,避免贴现或紧急贷款的发生;但如果市场较小、利润空间较小,企业的产能也能满足市场的需求,这时应选择购买厂房。

2. 厂房出售

在规则的初始状态中已经给出,大厂房是企业的自有资产,然而在企业资金紧张的时候,卖厂房也不失为一种好的融资方式。企业卖掉厂房,可获得 4 账期的应收款。卖了厂房就要交租金,所以厂房的融资成本可以视作 12.5%(5/40)。从资金成本的角度考虑,这比贴现还是低很多的。但是卖厂房的缺点在于不能立刻变现,如果卖了可以立刻贴现,那么筹资成本就赶上紧急贷款了。所以出售厂房应当是有前瞻性的,应该在预算中出现资金缺口的前 4 期进行,进而有效地降低筹资成本。按照以往比赛的经验,厂房应该在第 2 或第 3 年卖出,这样第

3或第4年就有现金流入,恰好以备资金周转,因为按经验来看,第3、4年的资金是最紧张的。

市场较大、利润空间也大时,应该变卖大厂房进行生产线的投资;相反,如果市场较小、利润空间小时,则不应该盲目进行生产线的投资,对厂房可采取租转买的策略,这样前期可维持较高的所有者权益。但如果企业的日常经营发生困难,就应该变卖厂房以维持企业的日常经营。厂房的变卖应该选在第一季度进行,这样变卖厂房的房款就能很快收回,租金能发挥最大效用。

要点提示

如果市场预测供小于求,有钱时应该尽量投资生产线,因为投资生产线可多生产产品,产品卖出所得的收益要比厂房的租金费用多得多。

沙盘模拟的竞争,其实就是产能扩张的竞争。企业的产能提高了,销售增加了,企业的利润自然就增加了。如果是购买厂房,尽管节约了租金,但没有拓宽企业利润的来源,从而没能在根本上实现利润增长。

3. 生产线布局

在 ERP 沙盘模拟企业经营中,4 种生产线各有优劣势(见图 5-6)。但单从灵活性的角度而言,柔性生产线有着得天独厚的优势,在企业生产中是不可或缺的。换句话说,柔性生产线的使用,直接显示出一个生产总监的沙盘水平。

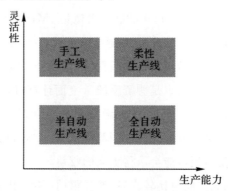

图 5-6 各种生产线比较

ERP 沙盘模拟实训的基本功就是计算,正确的决策背后一定是有一系列的数据做支撑的,要用数据说话。下面就生产线的性价比进行讨论,看看应该怎样安排生产线最划算。

在 ERP 沙盘模拟企业的运营规则中,手工生产线生产一个产品需要 3 个生产周期,半自动生产线需要 2 个生产周期,全自动生产线和柔性生产线仅需要 1 个生产周期。那么可以得出:3 条手工生产线的产能等于 1 条全自动生产线的产能(不考虑安装周期的情况下)。而设备购买价格为 3 条手工生产线需要 15M,1 条全自动生产线需要 16M,价格、折旧差别很小;可是在每年的维护费方面,3 条手工生产线需要 3M 的维护费,1 条全自动生产线只需要 1M 的维护费;另外手工生产线比全自动生产线多占用 2 条生产线的位置,且厂房租金分摊下来是全自动生产线的3倍。

同样的道理,2条半自动生产线的产能等于1条全自动生产线的产能,2条半自动生产线的购买费用为16M,1条全自动生产线的购买费用只有16M;同时,2条半自动生产线的折旧费和1条全自动生产线的折旧费一样,但其维护费每年都要比全自动生产线多出1M,此外还要多分摊1条生产线位置的租金。

那么,柔性生产线与全自动生产线的性价比呢?柔性生产线的购买价格比全自动生产线贵了4M,如果可以用满4年,那么柔性生产线的残值比全自动生产线多了2M,相当于柔性生产线比全自动生产线贵2M。从ERP沙盘模拟实训规则中可知,柔性生产线的优势在于转产,假设全自动生产线转产1次,这个时候需要停产2个生产周期,同时共计支付4M的转产费。由于柔性生产线的安装周期和全自动生产线的安装周期一样,至此全自动生产线比柔性线多支出2M。

通过这样的比较很容易发现,如果从性价比的角度出发,全自动生产线是最具性价比的;如果同一条生产线需要转产1次或以上的话,柔性生产线是最划算的。另外,如果柔性生产线多,利用柔性生产线可以随意转产的特性,可以集中生产某一个产品,从而灵活调整交单的顺序和时间,最大限度地避免贴现。

一般情况下,生产线的投资主要是以全自动生产线为主、柔性生产线为辅的投资思路,同时,全自动、柔性生产线还应在最初几年进行投资。但在第5年、第6年可能会选用半自动和手工生产线的投资。

4. 生产线数量

生产线并不是越多越好,其数量最好使其产能与市场需求相匹配,达到企业销售的需要。生产线多不但需要更多的投资,同时还会造成产品积压和库存,使企业资金流动性减弱,给财务带来极大困难;但生产线少又不能满足市场销售的需要,也就不能为企业创造更多的利润。

生产线的扩张应该结合市场的需求,要与市场的需求及本企业的销售能力一致,不能造成过量的库存,也不能使产能跟不上市场及销售的需要。但在需求增长快而投资跟不上的年度,可以在有投资能力的上一年进行多投资,生产出一定的库存以满足此后年度增长的需要。

另外,为了提高生产线的使用效率,即使产品有积压也不建议停产。沙盘训练中,一般是前几年市场需求较小,后几年较大。所以制订生产计划要有长远眼光。在有产品积压的情况下,如果财务能力允许,应该继续生产,在后几年较大的市场中,仍然有机会卖出全部产品。当然在运营过程中,应当尽量减少库存积压,尽量销售完当年生产的产品,避免占用过多的资金。

5. 手工生产线的妙用

经过刚才的分析,是不是意味着手工生产线就没有任何用途了呢?其实不然,手工生产线隐藏着另外一个非常神秘的重要作用——救火突击队。在选单过程中,偶尔会遇到订单的产品数量比实际产能多 1 到 2 个的情况,而很有可能就因为这一两个多出的数量,导致不得不放弃整张订单。

其实这个时候可以选择从其他企业紧急采购 1 个产成品,来弥补这个产能空缺。还有另外 1 种方法,就是利用手工生产线即买即用的特点,在厂房生产线有空余的情况下,第 1 季度买 1 条手工生产线,那么通过 3 个季度的生产,可以在第 4 季度生产出 1 个产品用来交货,同时可将空置的手工生产线立即出售。

利用突击增加手工生产线的方法,当年购买,当年出售,不需要交维护费,即仅造成 1M 的损失,但多生产出来的产品本身销售出去也有一定的毛利,这种方法既经济又实惠。但注意,在使用这个方法前必须清楚原材料是否充足,如果另外还需要紧急采购原材料,那么就需要仔细算算到底如何处理更有利。

6. 产能计算

产能,即生产能力,是指企业在一定时期内,在合理的、正常的技术组织条件下,所能生产的一定种类产品的最大数量,反映了生产线所拥有的加工能力和生产规模。

在每年年初投广告选单之前,首先要做的工作就是计算出当年每种产品的最大接单量,当年某产品的可接单量计算公式为:

当年某产品可接单量＝期初库存＋本年产量＋紧急增加手工线产量

本年产量即为产能,应该根据生产线的条数来进行计算,全自动和柔性生产线如果年初有在线上生产的产品,一年可以下线 4 个产品,半自动线每年可下线 2 个产品,手工生产线年初在制品在 3Q 周期的可下线 2 个产品,否则只能下线 1 个产品。全部加总就得到企业的产能。

计算其他组的产能主要是依据其所拥有的生产线、产品库存和原材料订购情况。首先,根据生产线种类计算各产品数量。分别为手工生产线一年下线 1 个产品,半自动生产线 2 个产品,全自动生产线 4 个产品,柔性生产线 4 个产品。其次,将库存积压产品也算在产能内。最后,考虑原材料的订购。在计算手工生产线和柔性生产线可能随时转产的情况时,考虑到原材料需要提前一期到两期订购,可根据原材料库中已经订购的原材料数量进行估算,以预计可转产的产品种类及数量。

7. 生产线出售

本书制定的生产线出售规则:出售变卖生产线时,生产线净值等于残值,将残值转换为现金。如果生产线净值大于残值,将按照当前净值的 1/3 向下取整计提固定资产处置净损失,计为费用处理(综合费用——其他),剩余部分转换为现金。根据规则可见,出售生产线的损失相当于取了一次折旧,但这样年底可以节省下维护费,所以在计划生产线不用的情况下,出售是较可行的。

5.2.6 采购

1. 采购计划

采购是生产的前提,生产是采购的实现,两者只有相互协调一致才能实现共同的目标。生产总监只有监督好原材料的采购,才能保证生产的正常进行;采购总监只有预计好企业的生产才能做好采购。生产人员在预计生产时除了考虑市场和财务,多安排生产市场需求量大、利润空间高的产品,同时也要按财务对现金流的需要安排生产。

采购计划需要考虑三个问题:采购什么?何时采购?采购多少?采购原材料可以按以下的思路进行:原材料采购一般是在参加订货会拿到订单确定本年的生产计划后进行,由本年的生产方案就可以确定本年各季度需要上线生产的各种产品数量,同样还得预计下一年前两个季度需要上线生产的各种产品的数量,从而计算出各季度上线生产需要的各种原材料的数量,再将这些原材料的数量按各自提前订货期向前移动相应的季度,最后用第一个季度的订购量减去已经订购的或者库存的原材料数量,以及在资金比较富足时,对用于下一年柔性生产线和手工生产线生产的原材料可以适当多订,使下一年柔性生产线和手工生产线可选择生产产品的空间更广。这样得到的就是这一年的采购订货计划。如表5-4所示。

表5-4 生产计划与原材料采购表

生产线	年份					
	第一年		第二年			
	3季度	4季度	1季度	2季度	3季度	4季度
2条半自动生产线		2P1(2R1)		2P1(2R1)		2P1(2R1)
2条全自动生产线				2P3 (4R2+2R3)	2P3 (4R2+2R3)	2P3 (4R2+2R3)
需要原材料		2P1		2R1+4R2+2R3	4R2+2R3	2R1+4R2+2R3
订购原材料	2R1	2R3	2R1+4R2+2R3	4R2+2R3	2R1+4R2	

2. 零库存与百变库存

企业要实现零库存管理,就需要采购总监和生产总监甚至销售总监默契配合。ERP沙盘模拟的原则之一就是"需求决定生产,生产决定采购"。年初,根据销售总监拿到的销售订单,生产总监和采购总监就要核算每季度正常生产所需的各种原材料及2个不同的提前期(提前一个季度和提前两个季度)。如表5-4所示。

首先,应该计算出每一季度准确的需要上线生产的各产品的数量;其次,应根据这一数量计算出每一个季度上线生产产品所需要的各种原材料的数量;最后,将提前采购一个季度、两个季度的原材料的数量分别往前移动一个季度或两个季度就得到各季度的采购量。这样就能实现企业原材料的零库存。

追求绝对的零库存会出现一个问题,即不能根据市场订单情况及时、灵活地调整生产安排。为此,企业在建有柔性生产线的情况下,原材料采购计划应该多做几种可能性预案,以增强销售的灵活性,更好地适应市场需求变化。

要想充分发挥柔性生产线的转产优势,必须做好充分的原材料预算,将市场可能出现的订单需求情况做多样性分析。

做好原材料的灵活采购计划,是保证后期机动调整产能、灵活选取订单的基础,同时需要兼顾资金周转率。只有这样才能发挥出柔性生产线最大的价值,这也是采购总监的使命所在。

因此在有手工生产线和柔性生产线的情况下,原材料库存要适当地多一些,具体哪种原材料多一些视产品的不同而定,实现"百变库存"管理,这样可以使市场总监抢单时的选择余地更大。

5.2.7 财务

财务管理的目标是企业价值最大化,整个财务运作的过程都是围绕这一核心目标展开的。其中,筹资管理是财务管理的核心问题之一。公司筹资就是根据资金的需求状况,通过各种筹资渠道、采用一定的筹资方式筹措公司生存和发展所必需资金的行为。在制订筹资计划时,应当注意债务期限的配比问题,做好长短期资金的匹配。厂房和生产线的投资要根据具体情况具体决定。订单的选择、生产的计划以及现金流和费用的控制,都要以企业价值最大化为目标,每年运营结束前,都要对利润表、资产负债表、现金流量表进行准确核查。

1. 财务预算

同学们往往在遇到财务状况出现窘境,即没钱可用、资金断流的时候才开始思考解决办法,而没有整体的规划和预算,这样往往会造成前期资金不能充分利用或资金浪费,后期资金断流等问题。因此在战略规划中,就应当有财务预算的理念,保证资金被充分利用,并且不会出现资金断流的现象。这是财务预算的基本要求。

财务预算是整个沙盘模拟过程中很重要的工作。财务预算最大的好处就在于使企业在运营中的现金流的收支处于掌控之中。广告费的投入、生产线的投产、新产品的开发、原材料的采购等一切都离不开现金。因此对于现金问题应该一开始就做到精细全面的预算,否则可能使企业面临资金链断裂、成本加大、其他经营环节受牵连甚至破产的险境。

财务预算的要点在于对公司运营现金流量和存量的控制,而要对此进行有效控制,就应该首先熟悉公司与现金流入、流出相关的项目。

沙盘中涉及的公司收入较为简单,仅包含销售商品收入、固定资产变卖的收入;现金支出涉及的相关项目则比较多,包括原材料采购费用、生产线投资费用、偿还贷款、利息、广告费、生产加工费用、产品研发、行政管理费用、生产线维护费、厂房租金、市场开拓及ISO认证费用、税金等。

(1)预算各季度的现金流入。企业的现金收入来源主要是销售产品,除此之外还包括出售厂房和生产线收到的现金等。在沙盘模拟企业经营中,销售产品一般形成应收款,会在以后的某个季度转变为现金。企业可以根据产品下线情况,结合订单确定每个季度的产品销售收入和对应的账期,从而确定每个季度有多少应收款到期,收到多少现金。

同时,企业在战略规划时,可以确定出售生产线的时间,从而确定现金流入情况。另外,厂房贴现也能马上得到现金。

(2)预计各季度的现金流出。

①明确各期应支付的固定费用。

②根据产品开发或生产线投资规划,确定各期产品开发或生产线投资的现金流出。

③制订生产计划及采购计划,确定企业应投入的产品加工费。

在确定了每个季度资金流入和资金流出情况以后,就可以确定每个季度的资金短缺或盈余。如果资金短缺,就应该考虑如何筹集资金以解决资金缺口。

2. 负债经营

在参加比赛的过程中,有些队考虑到节省财务费用支出的问题,尽量少贷款或者不贷款。实际上,负债经营是有很大好处的,它能给企业带来"财务杠杆效应"。一般情况下,当贷款的利息率低于其投资的预期报酬率时,公司可以通过借债提高预期收益,即企业收益将会以更大限度增加。企业可利用负债节省下来的自有资金创造新的利润。

当然,负债经营同时也会扩大预期收益的风险。因为一旦情况发生变化,如销售萎缩,由于固定额度利息的负担,当实际的报酬率低于利率时,则贷款不仅没有提高收益,反而使预期收益减少,即在资金利润率下降时,投资者收益率将会以更快速度下降,公司甚至可能会因为不能按期支付本息而破产。

负债经营就是借鸡下蛋,理论上借来的钱越多越好。在模拟经营中,借来的钱越多就能支付越大数额的广告费,继而开拓更多的市场、抢占更大的市场份额,此外从生产角度考虑,现金充裕便可研发更多的产品以提高利润率,投入更多的生产线以扩张自己的生产能力,最终为企业赚得更多的利润。但是无论在现实还是模拟中都不允许一个企业无限制地负债,因此如何最大限度地负债就是每支参赛队伍绞尽脑汁所要思考的问题。

3. 资金筹集

在沙盘中,能够使用的融资方式主要有以下几种:长期贷款、短期贷款、贴现、卖厂房、紧急贷款、卖厂房再贴现。表5-5列出了这几种融资方式的主要特点。

表5-5 各种融资方式比较

融资方式	利率	申请期	还款期	贷款额度
长期贷款	10%	每年末	5年	去年所有者权益的2倍(20向下取整)
短期贷款	5%	每季度	1年	去年所有者权益的2倍(20向下取整)
贴现	1/7=14.3%	随时	无	视应收款额
紧急贷款	20%	每季度	无限制	无

通过表5-5可以看出，单从筹资成本来看，银行贷款是最划算的，下来依次是贴现、紧急贷款。在实际操作过程中，企业的CFO应尽量做好筹资规划，选择合适的筹资方式。设法提高企业的所有者权益，充分利用各种融资渠道，银行贷款按其最高限额进行借贷。另外，可对应收款进行贴现，必要时也可以将厂房进行卖转租，最后还可以考虑紧急贷款融资。

(1) 长期贷款策略。长期融资主要是用于企业的固定资产、无形资产投资，即回收期限比较长的投资。企业进行的长期贷款应该满足这些长期投资的需要。

沙盘演练中，当公司需要资金时，可以向银行申请长期贷款。长期贷款的额度取决于本公司上年末所有者权益的多少。如果公司新申请的长期贷款金额加现有长期贷款余额小于或等于上年末所有者权益的2倍，则银行批准该申请。每个公司只有在每年末有一次申请长期贷款的机会。

关于长期融资的应用问题，在实际比赛中，可以有两种选择。第一种可以叫作保守型。这种观点认为在第一年年末应当适度贷款，数量上够第二年的年初经营就行，而不必将所有者权益规定的额度全部贷满。如果贷满，就将面对今后5年每年12M的"巨额"利息费用流出问题，以及最后一年的巨大还款压力(80M)，从而直接造成所有者权益大幅下降。保守型还认为应当在第二年年末根据当时的形势再借长期贷款，并且有效控制其金额，或者理性地选择借短期贷款和贴现，这样就不会造成今后5年每年为银行打工的尴尬局面。另一种可以称为激进型。此观点认为，第一年就应该将所有者权益范围内的长期贷款全部贷满，以备今后几年的现金流流出。根据以往参赛经验来看，后一种观点更值得认同，即在第一年年末将所有者权益范围内的长期贷款全部贷满，这样做是有充分理由的。首先，长期融资的主要目的是投资生产线，扩大产能，而在沙盘比赛中要取得决定性的胜利，扩大产能是必要的。如果在第一年不借入长期贷款，那么第二年内产能的扩大就要靠短期贷款的支持，这在财务上是致命的。另一方面，为了第二年借长期贷款，势必会限制第一年生产线的投资以避免所有者权益的大幅下降，最终导致第二年无法借款，那么保守型的组就等于比激进型的组晚起步一年，即投资晚开始一年，那么产能上势必无法与激进型的组相比，自然会影响到市场拿单，进而影响销售收入。至于保守型顾虑的每年12M"巨额"利息的问题，实际操作时发现，由于产能增大所带来的销售收入的增加，使得利息的偿还完全不具有风险。只要公司在以后年度内不出现重大经营失误，第6年末的还款是能够轻松实现的。

当然，实际沙盘演练中具体采用哪种长期融资策略，还要根据当前的环境和规则灵活应变，没有固定最优的方案，此策略的提出只是开拓受训者的思维，引起头脑风暴。

(2) 短期贷款策略。短期融资主要是为了满足流动资产投资和企业日常经营的需要。企业每一季度进行短期贷款后的自有现金流都需满足本季度的日常经营和下一季度的还贷。

沙盘演练中，当公司需要资金时，可以向银行申请短期贷款。短期贷款的额度也取决于本公司上年末所有者权益的多少。如果公司新申请的短期贷款金额加现有短期贷款余额小于或等于上年末所有者权益的两倍，则银行批准该申请。每个公司在每年有4次申请短期贷款的机会,按照运营表的项目,应该在每季度季初现金盘点之后进行。如果企业在第一季度申请短期贷款,则要在下一年的第一季度还本付息。和长期贷款一样,短期贷款也是只能先还后借,即还款后,如果所有者权益允许,则还可续借短期贷款。

对于短期贷款而言,采取的策略就是充分利用短期贷款的灵活性,不多贷,够用即可。因为短期贷款就是为弥补企业流动资金不足而设的,除非有次年所有者权益下降导致实际贷款额超出界限等紧急情况出现,否则不要多贷。那么何谓"够用"?即每季的季初现金加上本期短期贷款资金应当能够维持到更新应收款之前的支出,而更新应收款之后,季末的现金应当够归还下季季初要还的短期贷款本息。若余额不够下季运营,还可再贷。另外短期贷款的申请应当根据企业资金的需要,分期进行短期贷款,不要挤在一个季度,这样可以减轻企业的还款压力。

所以对短期贷款的建议策略是,将贷款数额分散,每季度贷最低限额 20M,可以用当前季度的新贷还下季度到期的旧贷,多次之后处于往复循环中,这样操作的实质是每年 80M(每季度 20M)的可用资金支付的财务费用为 4M,比长期贷款利息费用少,但前提是资金不会断流和贷款额度在 80M 及以上。

(3)长期贷款和短期贷款的匹配。筹资是为了维持企业的正常运营,因此筹资的目的在于最大限度地满足公司发展的需要。在沙盘实训中最常用的两种筹资方式,即长期贷款和短期贷款,它们因自身的特点存在着不同的优缺点。只有充分发挥这两种筹资方式的优点,扬长避短,才能为公司提供充足的资金。

不难看出,长、短期贷款二者相比,有着以下的特点:长期贷款还款期限长,公司每年面对的还款压力小;但是相对于短期贷款而言,又存在着利息高,申请时间固定(每年一次)等缺点。短期贷款灵活性好(每年 4 次),但是次年还本付息,公司面临的还款压力较大。

在利用长、短期贷款时,为了发挥各自的长处,最简单的方法就是做到债务期限的配比。长期贷款成本高,还款周期长,风险小,相反,短期贷款成本低,还款周期短,风险大。因此,我们只能综合利用这两种不同的融资方式,对于回收期比较长的投资用长期融资,回收期比较短和企业的日常经营所需要的资金用短期融资。

财务总监在制订融资计划时,应当注意债务期限的配比问题,即长、短期贷款的合理搭配。在阅读比赛规则时应当注意到,长期贷款的利率要高于短期贷款,于是在实际经营时,有些团队出于节约财务费用的考虑,在选用融资方案时,采用的是短期贷款。虽然适当的短期贷款可以降低总的融资成本,但是如果短期贷款的量过大,会使企业在整个运营过程中财务流动性不足,财务稳定性下降。所以这些团队的融资决策总是导致 6 年的经营陷入借新债、还旧债的死循环,偶尔还要通过贴现或借高利贷渡过难关,同时这个不合理的财务决策还可能导致企业最终资金链断裂,面临破产的风险。

长期融资和短期融资的筹资速度、筹资成本、筹资风险以及借款时企业所受的限制均有所不同,那么如何做到长、短期融资的匹配呢?财务上有条原则,即一定不能用短期负债解决长期融资的问题。不难看出,长期债务指一年以上到期的债务。一般而言,长期债务通常用来融通长期或固定资产,如厂房、设备等;而短期资金的借入通常用来融通短期资产,如存货和应收款等。当存货售出或应收款收回时,短期负债就被偿清。

当长、短期贷款的总额是企业所有者权益的一定倍数时,企业应先预计前几年各年需要的贷款总额及当年的所有者权益,如果某一年的贷款额度低于企业所需要的贷款总数,就需要企业在前些年有贷款额度时多借长期贷款,甚至长期贷款贷满,不够再用短期贷款解决。

(4)应收款贴现。关于贴现,很多人都认为它是增加财务费用的"罪魁祸首",因此都抱着"能不贴就不贴"的态度,只有在资金周转不开的时候,才会无可奈何地选择贴现。

但是,不贴现就是最好的策略吗?显然未必。与贷款相似,贴现只是一种融资方式。贴现可以分为两种情况:一种是企业在现金流遇到困难时,迫不得已将应收款或者厂房做贴现处理,如果不贴现,就很可能会出现资金断流的问题,因此这样的贴现是被动的;而另外一种贴现行为是主动的,比如在市场宽松而资金不足的情况下,企业主动贴现以换取资金用于投入生产线建设和产品研发,从而达到迅速占领市场、扩大企业产能和市场份额的目的。这两种贴现的情况是完全不一样的,因此产生的效果往往也是完全不一样的。

被动贴现一直处于"以贴还债"的状态,这个季度的现金不够了,就将下一个季度的应收款贴现,等这个季度过去了,下一个季度又出现财务危机而需要再次贴现,很有可能陷入连环贴现的怪圈之中。而主动贴现却不同,主动贴现的资金往往用于扩大企业的生产规模和市场份额,追求财务边际效益最大化,"把钱用在刀刃上"。结合之前分析贷款的情况时所说的,贴息和利息一样都属于财务费用。如果从资产回报率的角度来看,只要合理运用贴现得到的资金,将其转换成更好的营利工具,创造比财务费用更高的利润,贴现就是有价值的。

4. 税务规划

很多初学者对沙盘中所得税的计算不是很清楚,什么时候该交,什么时候不需要交,常常存在疑惑。

"所得税"在用友新道ERP沙盘中是一个综合概念,大概可以理解成模拟企业的经营盈利部分所要交的税费。所得税的计算公式为:

$$应交所得税额 = (当年税前利润 - 以前年度未弥补的亏损) \times 税率(1/3)$$

如果计算出来的这个数为非整数,则向下取整数额交税,也就是去掉小数点后面的数字。如果算出来的数值小于1,则意味着当年可以不用交税,可以理解为政策优惠。如果当年亏损,即利润为负数时,也不交所得税。

例如,某企业第1年税前利润为-4M,第2年税前利润为6M,第3年税前利润为8M。根据规则计算:

第1年应交税额为0;

第2年应交税额为$(6-4) \times 1/3$,小于1,税额为0;

第3年应交税额为$8 \times 1/3$,税额为2M。

了解清楚应交税费的计算方式之后,自然就会想到利用"应交税费向下取整"这一优惠政策,进行合理减税。假设采用1/3的税率政策,通过预算发现当年应交税费是3的倍数时,可以在当年进行一次贴现操作,主动增加1M的贴息,从而使得税前利润减少1M,利用向下取整规则,可以在本年避税1M。这样的效果就相当于将1M的税费变成了1M的财务费用,对最终权益是不会有影响的,但是通过贴现把应收款变成了现金,增加了资金的流动性,保证了年初广告费的充裕。当然也可以将多支出1M的资金用到其他方面,比如市场开拓或ISO认证、产品研发等。

交税的时间也要注意。在沙盘演练中,税费是在年底计算出来的,但是税款不是在当年结束时支付的,因此年末报表里"应交税金"项是在负债里面体现的,即所得税税费是年底核算计提到"应交税金"负债账户里的,等到下一年年初投放广告费之后,应交税费才被支付。所以要注意,投入广告费时要留够支付税金的费用。

5.2.8 报表问题检查

物理沙盘的演练,对受训者财务能力的要求比较高,因为需要每经营完一个年度,独立完成年度报表的编制,这就对受训者的财务能力提出了更高的要求,也能够使其财务能力得到很好的锻炼。电子沙盘都是根据运营数据自动生成报表。

资产负债表的原理是:总资产=负债+所有者权益(净资产),被称为会计恒等式。而在报表编制完后,经常会出现资产负债表不平的情况,这时就需要同学们自己找出问题,将报表调平。在实训过程中发现,很多同学都存在找不到问题或无从下手的情况。针对这一情况,本书总结出报表问题查找的方法,以供学习者参考。

在组间交易关闭的情况下,如果报表存在问题,可按照以下步骤查找,肯定能找到问题。具体步骤如下:

(1)查现金流程表,保证现金的计算无误;

(2)查综合费用明细表,确保费用的统计与现金流程表相关费用的支出一致,无遗漏;

(3)确保销售订单的总销售收入和产品的直接成本核算无误;

(4)查财务收入、支出,所有利息支出的统计与现金流程表支出的利息一致;

(5)查利润表的核算无误;

(6)查应收款:年初数值+本年销售收入−本年收现−本年贴现=年末数值;

(7)查生产:年初数值(在制品+成品+原料)+本年投入(购买的原料+生产费用)−本年流出(销售产品的直接成本)=年末数值(在制品+成品+原料);

(8)查设备:年初数值(机器设备+在建工程)+本年投入−本年流出(折旧)=年末数值(机器设备+在建工程);

(9)查本年所有者权益=上年所有者权益+本年净利润。

在组间交易开通的情况下,可先审核当年组间交易的数据情况,如果没有问题,把交易的相关数据回归到未交易之前(假设未发生交易),再按照以上步骤查找。

5.3 实训成绩的评定

实训结束后,每个小组都会有一个实训成绩,按照总成绩的排名来确定实训成果,但是实训成果并不能充分反映学生的真实学习情况。虽然有的组破产了,但是在运营过程中,小组成员可能一直积极参与,从实训过程中领悟到了很多经营的真谛。所以下面给出一种较为科学的成绩评定方式,以供参考。

实训课成绩＝实训成果(60%)＋学生表现(20%)＋总结(20%)

5.3.1 实训成果

此次实训中可以把学员分成若干组,每组5~6名成员,分别代表不同的公司,每个小组的成员分别担任公司中的重要职务:CEO、CFO、市场总监、生产总监和采购总监。如果成员为6名,还可以设置CFO助理等职务。各公司属于同一行业的竞争者,初始资源相同,大家在相同的竞争环境下进行一番真正的较量。最后根据企业的所有者权益等对各个企业进行综合排名,得出实训成果。

实训成果＝所有者权益－罚分

罚分主要指违规操作等内容,可根据实际情况灵活制定罚分细则。

5.3.2 学生表现

各企业中是否岗位分工明确、各司其职,团队合作程度,每个成员的参与程度和出勤率,以及各种表格如运营表、综合费用表、利润表、资产负债表、现金预算表、采购计划表等的填写,都可以列为学生表现的评价依据。每个企业内部评选出最佳员工,可以在学生表现这部分进行加分。

5.3.3 反思与总结

经营结束后,CEO应召集团队成员对当年的经营情况进行分析,分析决策的成功与失误、经营的得与失、实际与计划的偏差及其原因等。记住:用心总结,用笔记录。沙盘模拟是训练思维的过程,同时也是锻炼动手能力的过程。

总结包括个人总结和团队总结。个人总结是实训结束后每个同学上交一份实训报告,总结一下沙盘演练中自己的表现、体会,自己在企业中所起的作用以及通过企业模拟经营的运作对哪些理论知识有了进一步的体会。团队总结是以团队的形式上交一份PPT,在全班总结时由团队代表利用多媒体向全班同学进行讲解和分享,主要分享的内容包括本企业的企业文化、成员构成、整体战略、广告策略、市场定位、企业运营得失等。

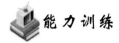 能力训练

现在对3家公司进行比较,3家公司资产均为100万元,营利能力比较如表5-6所示。

表5-6 A、B、C3家公司的营利能力比较

企业	总资产/万元	负债/万元	权益/万元	净利/万元	ROTA/%	ROE/%
A	100	0	100	15	15	15
B	100	50	50	15	15	30
C	100	90	10	4	4	40

A、B企业净利相同,但B企业通过负债提高了净资产收益率;而C企业虽然净利最小,只有4万元,但由于其高负债率,净资产收益率反而最高,达到40%。

请讨论一下,A、B、C企业谁经营得最好?企业负债经营合理吗?

第 6 章
创业之星电子沙盘对抗

6.1 平台介绍

创业之星电子沙盘对抗,是贝腾科技推出的实训模块,是源于手工沙盘经典框架基础上的升级版,采用高仿真经营,同时也作为"学创杯"全国大学生创业综合模拟大赛的主要软件平台供比赛使用。

创业之星电子沙盘是基于商业模拟(business simulation)体验式学习技术开发的一套完整的模拟经营与竞争对抗系统。该系统通过对参与学生分组进行角色扮演,以小组为团队经营一家完整的模拟创业公司,通过内部的部门协作与管理决策,完成公司的多个连续周期的完整经营管理,并在市场环节与其他分组团队管理的模拟公司进行市场化竞争对抗与合作。

创业之星电子沙盘主要包含了为教师设计的一系列功能详尽的教学实训管理相关模块,同时也为学生设计了一个完整的商业模拟经营模型(如图 6-1 所示),其中包含消费群体模

图 6-1 企业模拟经营系统

拟、市场机会模拟、设计研发管理、生产采购管理、生产制造管理、市场推广管理、产品销售管理、招聘培训管理、财务控制管理、竞争对抗模拟等。每个学生团队对不同部分的经营管理决策，最终都会反映在整个模拟公司的整体经营结果中。

创业管理实训的系统设计以培养学生的系统管理决策能力为目标，并通过人与人之间的竞争对抗，引入了高度不确定性的市场环境。这种高度不确定性充分体现了创业过程中的本质特征，学生需要在这样的学习环境中时刻综合分析各种信息，帮助团队及自己所扮演的角色做出切实有效的决策。

系统提供给学生的模拟经营环境往往进行了大量的具体形象化设置，例如会以设计研发生产销售一种玩具为背景行业，也会以设计研发生产销售一种智能电子产品为背景行业，但这样的具体化"行业模板"的用意并非让学生去真实了解该行业本身的个性化部分内容，同时也并非让学生在未来的发展中去实际经营管理与模拟企业完全一样的公司，而是通过这种具体直观的内容让学生真正深刻理解隐藏在任何一个行业或企业背后本质的经营管理部分的精髓。这种通行于不同行业、企业之间的知识内容，方能为每个学生未来的人生事业发展过程中的各种可能性提供更有价值的能力保障，"授人以鱼，不如授人以渔"能精确地概括本系统设计的初衷与理念。

6.2　系统登录

1. 教师登录

请打开 IE 浏览器，地址栏输入 http://www.xcbds.com，下载资源，下载并安装客户端后，双击打开，可见图 6-2 所示的界面。

图 6-2　系统登录界面

点击"进入系统"，用申请的教师账号登录，选择对应的"教师"角色。

2.创建班级

输入班级名称、课程描述、教学模板,选择创业综合管理(教师引导),点击保存。见图 6-3。

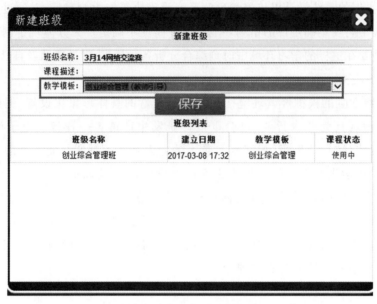

图 6-3 创建班级

切换班级:当前只能使用一个班级。确认使用哪个班级,选中该班级,点击"保存"。见图 6-4。

图 6-4 切换班级

3. 学员管理

学生注册：申请相关教师的班级后，教师对申请的学员账号进行解锁、分组等操作。见图 6-5。

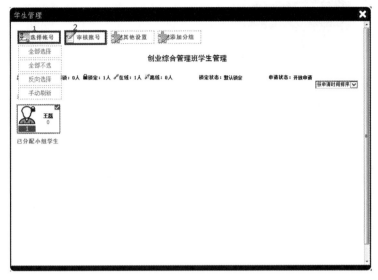

图 6-5　账号审核解锁

（1）对申请学员不限制，或者确定没有其他学员误入该教师班级，教师可以点击其他设置→默认解锁。学员登录无需申请，直接登录。已经开始的班级可以选择其他设置→拒绝申请。

（2）学员较多，可以选择账号→全部选择，再审核账号。

（3）教师可以把系统中已经有的账号拉进来：审核账号→增加账号。

4. 学员登录班级

待教师通过审核后，学生端重新登录，进入对应班级。见图 6-6。

图 6-6　登录班级

接下来选择创业之星,进入实验。见图6-7。

图6-7 进入实验

6.3 实验控制

1. 教学引导

所有学员都解锁,分组完成后,点击教学引导,选择"创业之星",开始实验。见图6-8。

图6-8 开始实验

点击进入"实验控制",选择模型"智能手环",点击保存。见图6-9。

图6-9 实验模板

2. 学员分组

点击授课分组管理→批量增加小组。见图6-10。

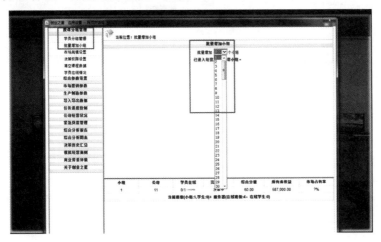

图6-10 批量增加小组

点击授课分组管理→学员分组管理,先选中小组,再勾选对应用户,点击"保存"。见图6-11。

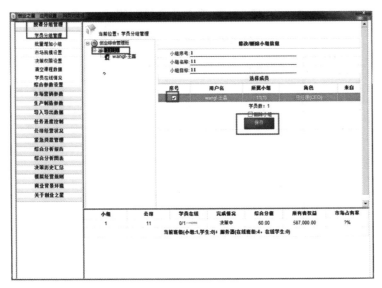

图6-11 学员分组

3. 市场规模设置

点击授课分组管理→市场规模设置→市场订单批量初始化,根据参与的小组数目,对应批量初始化。见图6-12。

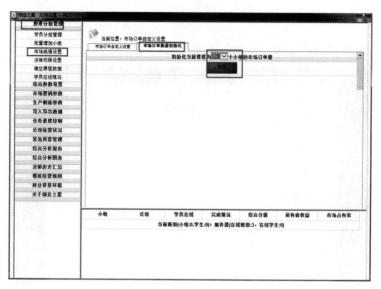

图 6-12 市场初始化设置

4. 任务进度控制

点击任务进度控制,进入下一季度。见图 6-13。

图 6-13 任务进度控制

6.4　学员模拟经营操作

1. 角色选择

学员经营之前先进行角色选择,赋予权限,选择总经理角色。见图6-14。

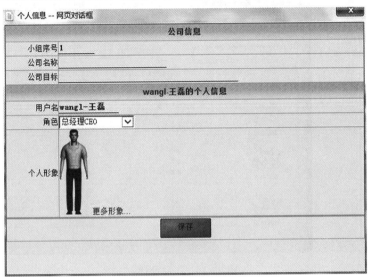

图6-14　角色选择

2. 贷款

资金紧张时,可以去银行贷款,提前支付利息,到期归还本金。见图6-15。

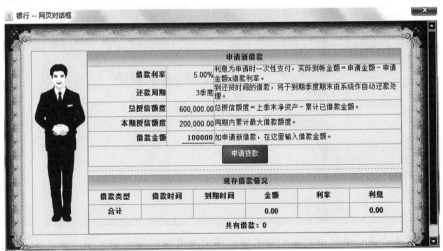

图6-15　银行贷款

3. 产品设计研发

设计产品时为企业的品牌取一个响亮的名字，不能和同场比赛其他小组同品牌。然后锁定对应目标消费群体，接着根据目标消费群体对产品功能的需求选择不同的原料，点击保存。见图6-16。

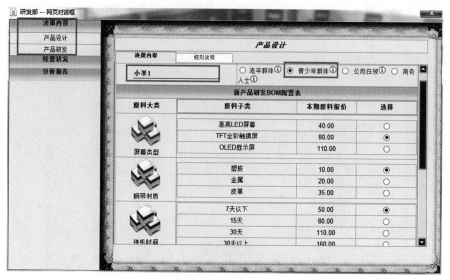

图6-16　产品设计

如果设计错误，可以撤销。如果该产品在研发或生产中，已经投入广告、报价等，则无法撤销。设计的品牌有数目限制，具体查看"规则设置"。

产品设计完成后，有需要投入研发的产品，这里点击"投入"。见图6-17。

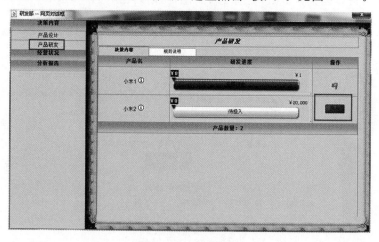

图6-17　产品研发

4. 市场开发

根据市场预期、市场需求与成长情况,选择开发不同市场。资金不足可中断,累计开发完成后,才能进入该市场销售。本季度开发决策可撤销。见图 6-18。

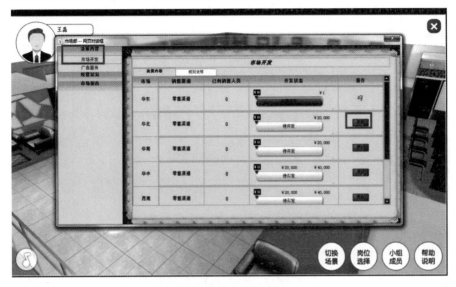

图 6-18　市场开发

5. 广告宣传

对无需研发或研发完成的品牌,可以投入广告(见图 6-19)。广告有一定的累计效应,具体见规则说明。可以针对品牌面向的不同消费群体对品牌的影响权重、竞争对手的广告投放策略、资金情况等制定广告投放策略。

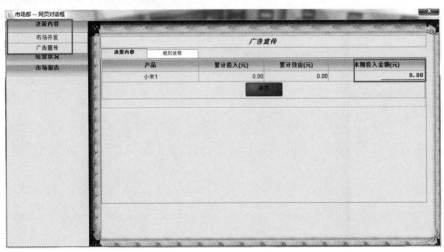

图 6-19　广告投放

6. 生产制造

根据本期销售预计制订本期生产计划。根据本期生产计划及后期市场增长趋势，提前制订生产规模扩大计划，购置、租用厂房，购置设备，招聘工人，采购原料（见图6-20）。可以对工人进行调整、培训、辞职等操作。

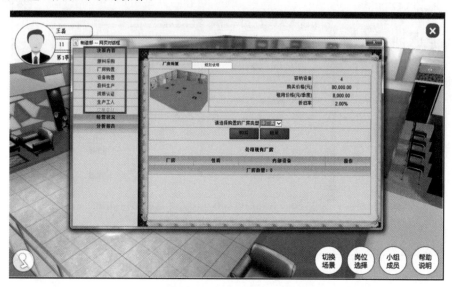

图6-20 购置、租用厂房

7. 投料生产

点击生产制造部→投料生产，进入各设备，进行投料生产。见图6-21。

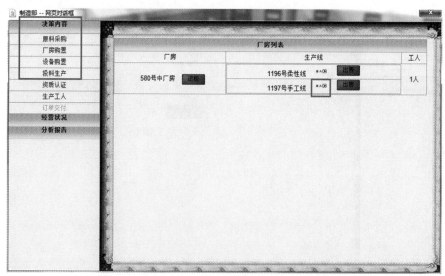

图6-21 投料生产

设备在闲置中，可以马上净值出售。

设备在生产、搬迁、升级中的,可以预出售,待季度末完成了设备生产、搬迁、升级,系统自动以净值出售。

厂房内没有其他设备,可以退租或出售。厂房内的设备都在预出售中,厂房可以预退租、出售。进入设备内,可以投料、升级、搬迁。

8. 销售报价

根据品牌市场策略,对不同市场、不同产品制定报价策略,放弃的市场,报价默认为0。见图6-22。

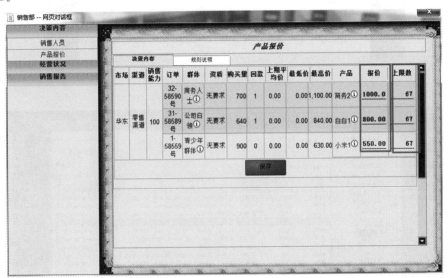

图6-22 产品报价

报价不超过最高价,不低于最低价(上季度平均价的60%)。可参考产品成本、产品面向的消费群体对价格的关注权重以及上期竞争对手的报价情况来制定报价策略。

上限数,默认是销售能力,同一市场不同的产品都对应有这些销售能力。上限数可根据交货能力向各个市场分配。交货能力=本期产量+往期库存。

9. 产品配送

待所有小组都完成生产和报价等工作后,登录教师账户,进入任务进度控制→产品配送→发布任务(见图6-23),以待交单。

产品配送任务发布后,从学生端进入制造部→订单交付,根据库存交付订单。不足交付的部分订单将处以罚金,并取消订单。

10. 成绩查看

教师端和学生端都可以查看成绩,实训成绩以综合表现为准。见图6-24。

图 6-23 发布产品配送

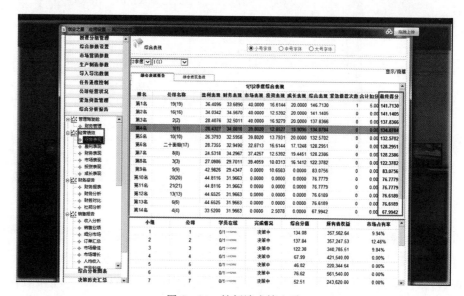

图 6-24 教师端成绩查看

6.5 创业之星沙盘规则

6.5.1 经营概述

同学们即将开始经营一家研究、开发、生产、批发及零售智能手环产品行业的公司,目前已经有 N(根据参与的小组数确定)家企业进入这个行业,你们将与其他企业展开激烈的市场竞争,当然也会有合乎各自利益的双赢合作。每个公司在经营之初,都将拥有一笔来自股东的 60 万元的创业资金,用以展开各自的经营,公司的股东团队即是公司的管理团队,公司将经历 8 个季度(比赛时缩短为 4 个季度)的经营,每个季度公司都有机会进行新产品设计,新产品研发,产品原料采购,生产厂房变更,生产设备变更,生产工人招聘、调整、培训,产品生产,产品广告宣传,新市场开发,销售人员招聘、调整、培训,产品订单报价等经营活动,每个团队都需要仔细分析讨论每一步决策任务,并形成最后一致的决策意见输入计算机。希望各位同学的公司在经历完若干个经营周期后,成为本行业的佼佼者。

6.5.2 数据规则

创业之星(智能手环模板)沙盘软件基础性的数据规则见表6-1。

表6-1 数据规则

项目	当前值	说明
公司初始现金/万元	600000.00	正式经营开始之前每家公司获得的注册资金(实收资本)
公司注册设立费用/万元	3000.00	公司设立开办过程中所发生的所有相关费用。该笔费用在第一季度初自动扣除
办公室租金/万元	10000.00	公司租赁办公场地的费用,每季度初自动扣除当季的租金
所得税率	25.00%	企业经营当季如果有利润,按该税率在下季度缴纳所得税
增值税率	17.00%	按该税率计算企业在采购商品时所支付的增值税款,即进项税额,以及企业销售商品所收取的增值税款,即销项税额
城建税率	7.00%	根据企业应缴纳的增值税、营业税,按该税率缴纳城市建设维护税
教育附加税率	3.00%	根据企业应缴纳的增值税、营业税,按该税率缴纳教育附加税
地方教育附加税率	2.00%	根据企业应缴纳的增值税、营业税,按该税率缴纳地方教育附加税
行政管理费/(元/人)	1000.00	公司每季度运营的行政管理费用
小组人员工资/组	10000.00	小组管理团队所有人员的季度工资,不分人数多少
养老保险比率	20.00%	根据工资总额按该比率缴纳养老保险费用
失业保险比率	2.00%	根据工资总额按该比率缴纳失业保险费用
工伤保险比率	0.50%	根据工资总额按该比率缴纳工伤保险费用
生育保险比率	0.60%	根据工资总额按该比率缴纳生育保险费用
医疗保险比率	11.50%	根据工资总额按该比率缴纳医疗保险费用
未签订合同罚款/人	2000.00	在入职后没有给员工签订合同的情况下按该金额缴纳罚款
普通借款利率	5.00%	正常向银行申请借款的利率
普通借款还款周期(季度)/个	3	普通借款还款周期
紧急借款利率	20.00%	公司资金链断裂时,系统会自动给公司申请紧急借款时的利率
紧急借款还款周期(季度)/个	3	紧急借款还款周期
同期最大借款授信额度/万元	200000.00	同一个周期内,普通借款允许的最大借款金额

续表

项目	当前值	说明
一账期应收款贴现率	3.00%	在1个季度内到期的应收款贴现率
二账期应收款贴现率	6.00%	在2个季度内到期的应收款贴现率
三账期应收款贴现率	8.00%	在3个季度内到期的应收款贴现率
四账期应收款贴现率	10.00%	在4个季度内到期的应收款贴现率
公司产品上限/个	8	每个公司最多能设计研发的产品类别数量
厂房折旧率	2.00%	每季度按该折旧率对购买的厂房原值计提折旧
设备折旧率	5.00%	每季度按该折旧率对购买的设备原值计提折旧
未交付订单的罚金比率	30.00%	未按订单额及时交付的订单,按该比率对未交付的部分缴纳处罚金,订单违约金=(该订单最高限价×未交付订单数量)×该比率
产品设计费用/万元	30000.00	产品设计修改的费用
产品研发每期投入/万元	20000.00	产品研发每期投入的资金
广告累计影响时间/季度	3	投入广告后能够对订单分配进行影响的时间
紧急贷款扣分/(分/次)	5.00	出现紧急贷款时,综合分值扣除分数/次
每个产品改造加工费/元	20.00	订单交易时,原始订单报价产品与买方接受订单的产品之间功能差异改造的加工费。单个产品改造费=买方产品比卖方产品少的原料配制无折扣价之和+差异数量×产品改造加工费
每期广告最低投入/元	1000.00	每期广告最低投入的资金,小于该数额将不允许投入
每期组间交易每期限制金额/元	10000.00	每期组间交易每期限制金额。买入+卖出的原料和订单总金额不能超过此限制金额
组间交易信息公示时间/分钟	5	组间交易信息公示时间(分钟),在此时间内,发布交易信息者不能结束交易
订单报价,最低价比例	60.00%	订单报价,最低价比例。最低价=上季度同一市场同一渠道同一消费群体所有报价产品的平均数×该比例

注:比赛期间组间交易不开放。

6.5.3 消费群体

每家公司在这个行业都将面对老年群体、青少年群体、公司白领、商务人士4类需求各异的消费群体。见图6-25。

不同消费群体对产品的关注与侧重点是有差异的,消费者从5个不同角度挑选评价产品(见表6-2),这5方面对于不同类型的消费群体,其关注的侧重度是不同的,一般侧重度越大的说明消费者越关注,对消费者是否购买该产品的影响也越大。

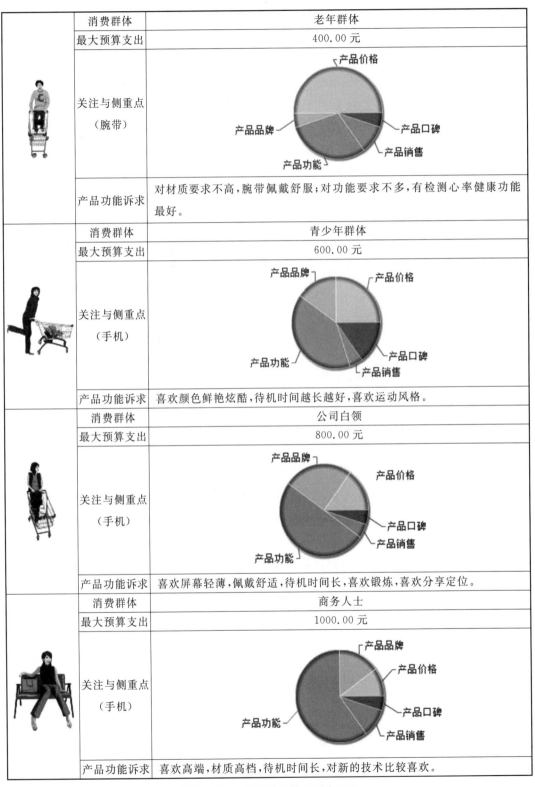

消费群体	老年群体
最大预算支出	400.00元
关注与侧重点（腕带）	（饼图：产品价格、产品口碑、产品销售、产品功能、产品品牌）
产品功能诉求	对材质要求不高，腕带佩戴舒服；对功能要求不多，有检测心率健康功能最好。
消费群体	青少年群体
最大预算支出	600.00元
关注与侧重点（手机）	（饼图：产品品牌、产品价格、产品口碑、产品销售、产品功能）
产品功能诉求	喜欢颜色鲜艳炫酷，待机时间越长越好，喜欢运动风格。
消费群体	公司白领
最大预算支出	800.00元
关注与侧重点（手机）	（饼图：产品品牌、产品价格、产品口碑、产品销售、产品功能）
产品功能诉求	喜欢屏幕轻薄，佩戴舒适，待机时间长，喜欢锻炼，喜欢分享定位。
消费群体	商务人士
最大预算支出	1000.00元
关注与侧重点（手机）	（饼图：产品品牌、产品价格、产品口碑、产品销售、产品功能）
产品功能诉求	喜欢高端，材质高档，待机时间长，对新的技术比较喜欢。

图6-25　4类消费群体的需求配比

表6-2 产品5个维度的释义

维度	释义
产品价格	产品价格是指公司销售产品时所报的价格。与竞争对手相比,价格越低越能获得消费者的认可
产品功能	产品功能主要指每个公司设计新产品时选定的功能配置表(BOM表)。与竞争对手相比,产品功能越符合消费者的功能诉求,产品就越能得到消费者的认可
产品品牌	产品品牌由公司市场部门在产品上所投入的累计宣传广告多少决定。与竞争对手相比,累计投入广告越多,产品品牌知名度就越高,产品就越能获得消费者的认可
产品口碑	产品口碑是指该产品的历史销售情况,与竞争对手相比,产品累计销售的数量、产品订单交付完成率越高,消费者对产品的认可度就越高
产品销售	产品销售是指公司当前销售产品所具备的总销售能力。与竞争对手相比,总销售能力越高,消费者对产品的认可度也越高

1.消费者产品选择原则

消费者选择产品将以每个参与公司的5项评价为依据。5项评分高的公司获得的市场需求就多,分值低的公司获得的市场需求就少。以下是一个具体分配示例以供参考。

假设总共有1000订单需求,A、B、C三个公司竞争。A公司设100上限,B公司设300上限,C公司没有设置上限。在第一轮分配中,根据5项分值,A公司应该可以拿到150,B公司应该可以拿到450,C公司应该可以拿到400,合计正好是全部需求1000。

但由于A公司设置了100的上限,所以最终实际拿到100,B公司设置了300的上限,所以最终实际拿到300,C公司没有设置上限,所以实际拿到400,合计800的需求在第一轮分配中已经被消耗,对于A、B两家设置了上限的公司,分别有50(150－100)、150(450－300)的需求没有在第一轮竞争中得到满足,所以200(50＋150)的未满足需求将继续参与二次选择。

二次分配中,A、B公司由于已经达到上限,将不再参与竞争,只剩下C公司竞争。还是根据5个竞争因素,C公司应该可以拿到200,C公司没有设置上限,实际拿到200,累计达到600。这样A、B、C最终实际的量就是100、300、600。总共1000的需求全部得到满足,没有多余需求将累计到下季度,如果前面C公司也设置了上限,那就可能出现最终部分需求无法得到满足,这部分需求将累积到下季度。

另外如果A、B、C公司中本期有违约未能交付的需求,也将一并累积到下季度。

2.各市场区域消费群体最高预算支出分时段走势

不同地区的消费群体在不同时间段具有不同的最大预算支出。消费者不能接受公司在销售报价过程中的报价超过他们的最大预算支出。具体学生端从实验规则里面查看。

6.5.4 设计研发

1. 产品设计

不同消费群体具有不同的产品功能诉求,为了使产品获得更多消费者的青睐,每个公司需要根据这些功能诉求设计新产品。同时产品设计也将决定新产品的直接原料成本的高低,另外也将决定新产品在具体研发过程中的研发难度。一般来说,产品功能越多,BOM 表越复杂,直接原料成本就越高。

对于已经开始研发或研发完成的产品,其设计是不可更改的,每完成一个新产品设计需立即支付 30000.00 元设计费用,每个公司在经营期间最多可以累计设计 8 个产品。可以在公司的研发部完成新产品的设计。

2. 产品研发

对于完成设计的新产品,产品研发的职责主要是对其开展攻关、开发、测试等各项工作。每个完成设计的产品每期的研发费用是 20000.00 元,不同的产品由于设计差异导致产品研发所需的时间周期不同,所以所需的总研发费用也不同。可以在公司的研发部完成新产品的研发。

6.5.5 生产制造

生产制造过程由以下几部分组成。

1. 厂房购置

厂房可以选择租用或购买。对于租用的厂房,每期期初将自动支付相应的租金,对于购买的厂房,购买当时即支付相应的现金。

厂房可以选择退租或出售。厂房的退租或出售实际发生在每期期末,此时只有在厂房内没有设备的情况下才能进行。退租后的厂房在下期将不再支付相应租金,出售厂房将以厂房净值回收现金。

以下是不同类型的厂房具体参数(见表 6-3):

表 6-3 厂房参数

厂房大小	大	中	小
容纳设备/个	6	4	2
购买价格/元	120000.00	80000.00	50000.00
租用价格/(元/季)	11000.00	8000.00	5000.00
折旧率/%	2.00	2.00	2.00

2. 设备购置

不同生产线的具体参数(见表 6-4):

表6-4 生产线参数

设备名称		柔性生产线	
购买价格/元	120000.00	设备产能/件	500
成品率/%	90.00	混合投料	是
安装周期/个	1	生产周期	0
单件加工费/元	10.00	工人上限/人	5
维护费用/元	3000.00	升级费用/元	1000.00
升级周期/个	1	升级提升/%	1.00
搬迁周期/个	1	搬迁费用/元	4000.00
设备名称		自动线	
购买价格/元	100000.00	设备产能/件	400
成品率/%	85.00	混合投料	是
安装周期/个	1	生产周期	0
单件加工费/元	20.00	工人上限/人	4
维护费用/元	2500.00	升级费用/元	1000.00
升级周期/个	1	升级提升/%	2.00
搬迁周期/个	1	搬迁费用/元	3000.00
设备名称		半自动线	
购买价格/元	70000.00	设备产能/件	300
成品率/%	80.00	混合投料	否
安装周期/个	1	生产周期	0
单件加工费/元	25.00	工人上限/人	3
维护费用/元	2000.00	升级费用/元	1000.00
升级周期/个	1	升级提升/%	3.00
搬迁周期/个	0	搬迁费用/元	2000.00
购买价格/元	50000.00	设备产能/件	200
成品率/%	75.00	混合投料	否
安装周期/个	0	生产周期	0
单件加工费/元	30.00	工人上限/人	2
维护费用/元	1500.00	升级费用/元	1000.00
升级周期/个	1	升级提升/%	4.00
搬迁周期/个	0	搬迁费用/元	1000.00

购买价格：设备只能购买，购买当时即支付购买价格所标识的现金。

设备产能：设备产能是指在同一个生产周期内最多能投入生产的产品数量。

成品率：对于一批固定数量的原料投入到设备中后，在加工成产品的过程中会产生部分次品。

混合投料：设备在同一生产周期内是否允许同时生产多种产品。

安装周期：设备自购买当期开始到安装完成所需的时间。

生产周期：原料投入直到产品下线所需的时间。

单件加工费：加工每一件成品所需的加工费用。

工人上限：每条设备允许配置的最多工人数。设备产能、成品率、线上工人总生产能力3个因素决定了一件设备的实际产能。

设备可以出售。当设备上无在制品时，设备可以立即出售。出售后设备上的工人将自动转为闲置状态。出售设备将以设备净值回收现金。

维护费用：当设备不处于安装周期时，每季度需支付设备维护费用。该费用在每期期末自动扣除。

升级费用：对设备进行一次设备升级所需花费的费用。该费用在升级当时即自动扣除，每条设备在同一个升级周期内只允许进行一次设备升级。

升级周期：完成一次设备升级所需的时间。

升级提升：设备完成一次升级后，设备成品率将在原有成品率基础上提升的百分比。升级后设备成品率＝升级前设备成品率＋每次升级可提升的成品率。

搬迁周期：设备从一个厂房搬迁到另一个厂房花费的时间。

搬迁费用：设备从一个厂房搬迁到另一个厂房所需花费的费用。该费用在搬迁当时即自动扣除。

3．工人招聘

生产工人的具体参数见表6-5。

表6-5 生产工人参数

工人类型	生产工人
生产能力/件	90
招聘费用/元	300.00
季度工资/元	3600.00
试用期/季度	1
培训费用/元	300.00
培训提升/%	3.00
辞退补偿金/元	2000.00

公司可以在人才交易市场内招聘到不同能力层次的生产工人。

生产能力：工人在一个生产周期内所具有的最大生产能力。

招聘费用：招聘一个工人花费的费用。该笔费用在招聘时即自动扣除。

季度工资：支付给工人的工资，每期期末自动支付。

试用期：招聘后试用的时间。人力资源部须在试用期内与工人签订劳动合同，否则将支付罚金。

培训费用：每次培训一个工人花费的费用。每个工人每个经营周期最多只能接受一次培训。工人培训由生产制造部提出，递交到人力资源部后进行实施。培训费用在实施时支付。

培训提升:工人完成一次培训后,生产能力将在原有能力的基础上提升的百分比。培训后生产能力=培训前生产能力×(1+培训提升)

辞退补偿金:试用期内辞退工人无需支付辞退补偿金,试用期满并正式签订劳动合同后需支付辞退补偿金。辞退补偿金一般在每期期末实际辞退工人时实时支付。

4. 原料采购

原料分为多个大类,分别是屏幕类型、腕带材质、待机时间、附加功能。其中每个大类的原材料又包含多个明细原料,高亮LED屏幕的参数见图6-26所示,其他各原材料参数详见软件系统中的实验规则。

到货周期为0,即为现货,可随买随到随用;到货周期为1,即为需要提前预订,到下季度才能到货,如果要紧急采购,价格需要加价50%。

付款周期为0,即为现金支付;付款周期为1,即为产生应付款,下季度初支付。

原料名称	高亮LED屏幕	
所属大类	屏幕类型	
到货周期	0	
付款周期	1	
原料特性	省电、发光均匀、寿命长	
原料价格近期走势(元/件)	1季度:40,平均39.00;2季度:42;3季度:38;4季度:36	
价格折扣	折扣表	
	订购数量(区间)	折扣
	0~200	0.00%
	201~500	5.00%
	501~1000	10.00%
	1001~1500	15.00%
	1501~2000	20.00%
	2001以上	25.00%

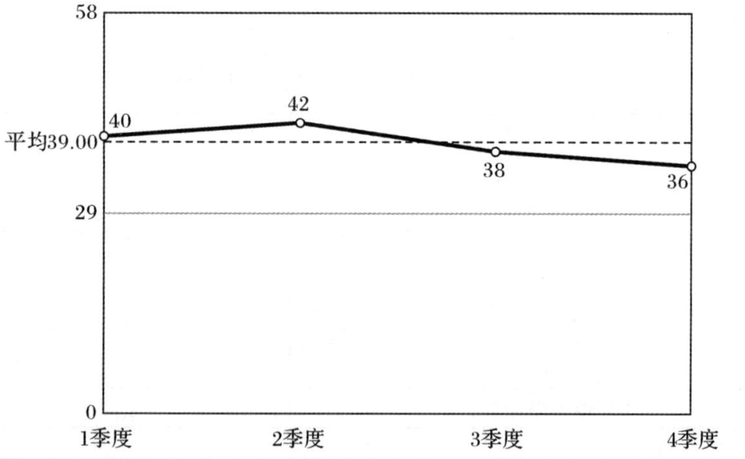

图6-26 高亮LED屏幕参数

5.资质认证

公司可以获得多种资格认证。不同市场的不同消费者对企业所获得何种认证会有不同的要求,对于不能符合消费者要求的企业,消费者将拒绝购买其产品。

以下是不同类型的资格认证。见表6-6。

表6-6 资格认证

认证名称	CCC 认证	认证名称	SRRC 认证
认证周期/年	2	认证周期/年	3
每期费用/元	30000.00	每期费用/元	30000.00
总费用/元	60000.00	总费用/元	90000.00

在不同的市场,不同的订单对资质认证要求不同。以下是各市场对资质认证要求的详细情况(见表6-7)。

表6-7 各市场对资质认证的要求

市场	渠道	群体	认证类别	1季度	2季度	3季度	4季度	5季度	6季度	7季度	8季度
华东	零售渠道	老年群体	CCC 认证					√	√	√	√
			SRRC 认证							√	√
		青少年群体	CCC 认证					√	√	√	√
			SRRC 认证							√	√
		公司白领	CCC 认证				√	√	√	√	√
			SRRC 认证							√	√
		商务人士	CCC 认证				√	√	√	√	√
			SRRC 认证							√	√
华北	零售渠道	老年群体	CCC 认证						√	√	√
			SRRC 认证							√	√
		青少年群体	CCC 认证					√	√	√	√
			SRRC 认证							√	√
		公司白领	CCC 认证				√	√	√	√	√
			SRRC 认证							√	√
		商务人士	CCC 认证				√	√	√	√	√
			SRRC 认证							√	√
华南	零售渠道	老年群体	CCC 认证					√	√	√	√
			SRRC 认证							√	√
		青少年群体	CCC 认证					√	√	√	√
			SRRC 认证							√	√
		公司白领	CCC 认证					√	√	√	√
			SRRC 认证							√	√
		商务人士	CCC 认证					√	√	√	√
			SRRC 认证							√	√

续表

市场	渠道	群体	认证类别	1季度	2季度	3季度	4季度	5季度	6季度	7季度	8季度
华中	零售渠道	老年群体	CCC认证						√	√	√
			SRRC认证							√	√
		青少年群体	CCC认证					√	√	√	√
			SRRC认证							√	√
		公司白领	CCC认证						√	√	√
			SRRC认证							√	√
		商务人士	CCC认证					√	√	√	√
			SRRC认证							√	√
西南	零售渠道	老年群体	CCC认证						√	√	√
			SRRC认证							√	√
		青少年群体	CCC认证						√	√	√
			SRRC认证							√	√
		公司白领	CCC认证					√	√	√	√
			SRRC认证							√	√
		商务人士	CCC认证						√	√	√
			SRRC认证							√	√
东北	零售渠道	老年群体	CCC认证						√	√	√
			SRRC认证							√	√
		青少年群体	CCC认证						√	√	√
			SRRC认证							√	√
		公司白领	CCC认证					√	√	√	√
			SRRC认证							√	√
		商务人士	CCC认证					√	√	√	√
			SRRC认证							√	√
西北	零售渠道	老年群体	CCC认证						√	√	√
			SRRC认证							√	√
		青少年群体	CCC认证						√	√	√
			SRRC认证							√	√
		公司白领	CCC认证					√	√	√	√
			SRRC认证							√	√
		商务人士	CCC认证						√	√	√
			SRRC认证							√	√

6.制造成本

从原材料采购到最终成品下线过程中产生的各种费用即为制造成本。最终下线成品将包含以下成本:

(1)每个原材料采购时不含税实际成交的价格;

(2)生产产品所使用的厂房租金或折旧合计,采用平均分摊法分摊到每个成品;

(3)生产产品所使用的设备维护、折旧、搬迁、升级费用,采用平均分摊法分摊到该生产线上的每个成品;

(4)生产产品所对应的工人工资、五险合计费用,采用平均分摊法分摊到每个成品;

(5)每个产品生产过程中产生的产品加工费;

(6)生产线生产过程中产生的废品成本,采用平均分摊法分摊到每个成品;

原材料库存管理:采用先进先出法。最先购买入库的原材料批次将被优先投入生产线进行生产。

成品库存管理:采用先进先出法。最先下线入库的成品将被优先用于交付订单。

6.5.6 市场营销

市场营销分为渠道开发、产品推广宣传、销售人员招聘与培训、订单报价、市场需求调查等。

1.渠道开发

整个市场根据地区划分为多个市场区域,每个市场区域有一个或多个销售渠道可供每个公司开拓。开发销售渠道除了需要花费一定的开发周期外,每期还需要一笔开发费用(见表6-8)。每个公司可以通过不同的市场区域已经开发完成的销售渠道,把各自的产品销售到消费者手中。

表6-8 各市场区域的开拓时间和费用

渠道名称	零售渠道						
所属市场	华东	华北	华南	华中	西南	东北	西北
开发周期/个	0	1	1	2	2	3	3
每期费用/元	20000	20000	20000	20000	20000	20000	20000
总费用/元	0	20000	20000	40000	40000	60000	60000

2.产品推广宣传

产品推广宣传主要指广告宣传。每个产品每期均可以投入一笔广告宣传费用,某一期投入的广告对未来若干季度是有累积效应的。投入当季效应最大,随着时间推移,距离目前季度越久,效应会逐渐降低。

3. 销售人员招聘与培训

公司可以在人才交易市场内招聘到不同能力层次的销售人员。

销售能力：销售人员在一个经营周期内所具有的最大销售能力。

招聘费用：招聘一个销售人员所花费的费用。该笔费用在招聘时即自动扣除。

季度工资：支付给销售人员的工资。季度工资每期期末自动支付。

试用期：招聘后试用的时间。人力资源部需在试用期内与销售人员签订劳动合同，招聘之后没有签订劳动合同的将支付每人2000元的罚金。

培训费用：每次培训一个销售人员所花费的费用。每个销售人员每个经营周期最多只能接受一次培训。销售人员培训由销售部提出，递交到人力资源部后实施，培训费用在进行培训时支付。

培训提升：销售人员完成一次培训后，销售能力将在原有能力的基础上提升的百分比。培训后销售能力＝培训前销售能力×(1＋培训提升)。

辞退补偿金：试用期内辞退销售人员无需支付辞退补偿金，试用期满并正式签订劳动合同后需支付辞退补偿金。辞退补偿金一般在每期期末实际辞退销售人员时实时支付。

以下是销售人员的具体参数（见表6-9）。

表6-9 销售人员参数

销售人员	业务员
销售能力/件	100
招聘费用/元	500
季度工资/元	4000
试用期/季度	1
培训费用/元	500
培训提升/%	5.00
辞退补偿/元	4000

4. 订单报价

每个经营周期，对于已经完成开发的渠道，将有若干来自不同消费群体的市场订单以供每个公司进行报价。每个市场订单均包含以下要素：资质要求、购买量、回款周期、最高承受价。

当订单无法按量满额交付时，需支付订单违约金。订单违约金＝(该订单最高限价×未交付订单数量)×订单违约金比例(30.00%)。

5. 市场需求调查

每个经营周期，不同市场区域的不同销售渠道都包含了多个消费群体的不同数量的潜在市场需求，所有公司都可以通过营销渠道把自己的产品销售给这些消费者，当然消费者也将根据自身需求及其他多方面因素在众多厂家中选择自己最钟爱的产品。当然也有可能出现厂家的产品供不应求的情况,这种情况下部分消费者的需求将暂时无法得到满足。这些需求暂时未得到满足的消费者,他们将在接下去的季度继续寻找自己想要的产品,但如果某些市场区域大量的消费者对产品的需求持续得不到满足,该市场的需求总量将逐渐减少。

以下是专业市场调查机构提供的未来6季度的需求分析走势图(见图6-27)。

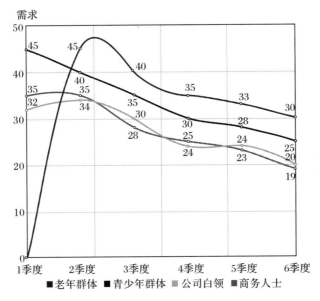

图 6-27 华东市场需求走势

注意:本报告仅供参考,其中所提供的需求量走势与实际市场最终需求可能会有一定的差异。

现仅以一个小组的华东市场需求生成需求预计,见图6-27。一般市场需求和小组数成正比。其他市场消费群体走势,详见软件系统市场营销规则。

6.5.7 评分说明

综合表现分数计算法则:综合表现=盈利表现+财务表现+市场表现+投资表现+成长表现

基准分数为100.00分,各项权重分别为:

盈利表现权重30.00分;

财务表现权重30.00分;

市场表现权重20.00分;

投资表现权重10.00分;

成长表现权重10.00分。

各项权重由讲师设置。

盈利表现:盈利表现=所有者权益/所有企业平均所有者权益×盈利表现权重。盈利表现最低为0.00分,最高为60.00分。

财务表现:财务表现＝(本企业平均财务综合评价/所有企业平均财务综合评价的平均数)×财务表现权重。财务表现最低为 0.00 分,最高为 60.00 分。

市场表现:市场表现＝(本企业累计已交付的订货量/所有企业平均累计交付的订货量)×市场表现权重。市场表现最低为 0.00 分,最高为 40.00 分。

投资表现:投资表现＝(本企业投资/所有企业平均投资)×投资表现权重。投资表现最低为 0.00 分,最高为 20.00 分。

成长表现:成长表现＝(本企业累计销售收入/所有企业平均累计销售收入)×成长表现权重。成长表现最低为 0.00 分,最高为 20.00 分。

最终得分一般要扣除累计紧急借款扣分:紧急借款次数×单次紧急借款扣分。

即:完成该季度后最终得分＝该季度的综合表现－累计紧急借款扣分。

6.5.8 季度结算

以下是进入下一季度时系统所做的主要操作。结算分两步,一步是计算本季度末的数据,另一步计算下季度初的数据。

(1)结算本季度末的相关数据,系统主要进行以下操作(按先后顺序排列):

①支付产品制造费用;

②支付管理人员工资和五险;

③更新设备搬迁;

④更新设备升级;

⑤更新厂房出售、设备出售;

⑥更新生产工人培训;

⑦扣除生产工人未签订劳动合同罚金;

⑧扣除销售人员未签订劳动合同罚金;

⑨扣除基本行政管理费用;

⑩辞退生产工人;

⑪辞退销售人员;

⑫出售生产设备;

⑬出售厂房或厂房退租;

⑭检查并扣除管理人员未签订劳动合同罚金;

⑮检查并扣除未交货订单违约金;

⑯银行还贷;

⑰紧急贷款。

(2)结算下季度初的相关数据,系统主要进行以下操作(按先后顺序排列):

①检查上季度未分配和未完成交付的订单数量,并转移到当前季度;

②公司注册费用(一季度扣除);

③计算公司应收款,并收取;

④计算公司应付款,并支付;

⑤计算上季度营业税,并支付;

⑥扣除上季度增值税、城建税、所得税、教育附加税、地方教育附加税;

⑦扣除办公室租金;

⑧更新原料到货状态;

⑨更新预付账款状态;

⑩更新原料到货状态;

⑪紧急贷款。

能力训练

根据本书创业之星实训规则的解读,学员们思考、讨论开局的方案。第一季度产品设计、研发、厂房、生产线、广告、市场开拓等应该采取什么样的策略?

第 7 章 案例分析

7.1 ERP 沙盘教学案例分析(手工沙盘)

本节主要从实际教学中随机抽取一个教学班,对该教学班的实训经营成果进行展现,随后选取两个较有代表性的小组,对其经营策略进行分析,以供学员们进行参考。

本次实训所采用的市场和规则,见本书最后报表附注 6 年的市场和规则。

抽取班级的实训经营成果见表 7-1。

表 7-1 各组历年经营成果数据　　　　　　　　　单位:M

公司	年份						
	0	1	2	3	4	5	6
A	66	53	35	33	50	53	102
	2	−13	−18	−2	17	3	49
B	66	56	38	47	66	72	96
	2	−10	−18	9	19	6	24
C	66	45	22	36	64	75	100
	2	−21	−23	14	28	11	25
D	66	50	43	48	56	65	108
	2	−16	−7	5	8	9	43
E	66	50	39	37	47	49	89
	2	−16	−11	−2	10	2	40
F	66	56	45	28	47	64	99
	2	−10	−11	−17	19	17	35
G	66	50	39	32	39	44	80
	2	−16	−11	−7	7	5	36
H	66	41	43	71	85	96	132
	2	−25	2	28	14	11	36

注:右上角数字代表所有者权益,左下角数字代表利润。

通过表7-1可以看出，H公司截止到第6年年末所有者权益数值达到132，在8个公司中是最优秀的。接下来对H公司的经营策略进行呈现、分析。

H公司各年的经营数据具体见表7-2、表7-3、表7-4、表7-5。

表7-2　H公司各年综合费用明细　　　　　　　　　　　　　　　　　　　　单位:M

年份	管理费	广告费	设备维护费	厂房租金	转产费	市场开拓	ISO认证	产品研发	其他	总计
1	4	1	4			3		12		24
2	4	11	6			2	2	3		28
3	4	13	5	3		1	1		4	31
4	4	13	6	6			2	12		43
5	4	14	10	3				3		34
6	4	16		3						23

表7-3　H公司各年销售情况

年份	P1			P2			P3			P4		
	收入	数量	成本	收入	数量	成本	收入	数量	成本	收入	数量	成本
1	11	2	4									
2	37	8	16	16	2	6	8	1	4			
3	50	11	25	53	6	18	39	5	20			
4	32	7	16	62	8	28	58	7	28			
5	37	9	18	34	5	15	49	6	24	41	4	20
6	36	10	20	41	7	21	87	10	40	32	3	15

表7-4　H公司各年利润表　　　　　　　　　　　　　　　　　　　　　　单位:M

项目	1年	2年	3年	4年	5年	6年
销售收入	11	61	142	152	161	196
直接成本	4	26	63	72	77	96
毛利	7	35	79	80	84	100
综合费用	24	28	31	43	34	23
折旧前利润	−17	7	48	37	50	77
折旧	4		7	5	14	
息前利润	−21	7	41	32	36	77
财务收/支	4	5	11	12	21	23
额外收/支					1	
税前利润	−25	2	30	20	16	54
所得税			2	6	5	18
净利润	−25	2	28	14	11	36

7.1.1 H公司1~6年经营策略分析

第一年,由于只有本地一个市场,在进行广告投放时仅投了1M,没有取得较好的订单,只接到了2个P1产品的订单。产生了较多的P1产品积压,利润水平较低。但是,在第一年本公司投入了1条全自动线和1条半自动线,并在第二年第1季度建成,加大了第二年的产能。同时研发了P2产品和P3产品,其余组并未研发P3产品,为第二年获得P3产品市场创造了良好的条件。由于该公司第一年在市场开拓以及产品研发板块投入的资金较多,且订单量较少,因此第一年度的利润亏损较为严重,导致所有者权益下降较多。不过这在预料之中,符合经营战略规划。为此,该公司将在第二年加大了广告费的投入,获得了更多订单,增加了销售额。

在第二年的广告费投入中,该公司吸取了第一年的经验,加大了广告费的投入,投入广告费共计11M,且该公司广告费的投入较为分散,取得了较多的产品订单。其中,本地市场4个P1产品、1个P2产品、1个P3产品;区域市场4个P1产品、1个P2产品,同时成为区域市场的"老大"。与此同时,该公司完成了国内市场的开拓、P2产品和P3的研发以及全自动生产线和半自动生产线的投资。同时继续开拓国内市场和亚洲市场,进行ISO 9000和ISO 14000认证。第二年该公司共有3条手工生产线、2条半自动生产线和1条全自动生产线。相比于其他公司,该公司产能有所增加,但总体产能还是不够。因第一年P1产品积压库存较多,为此在满足P1产品订单量的情况下,手工生产线生产完成P1产品后转产生产P2和P3产品,以增加P2、P3产品的产量。由于第二年销售额有所增加,第二年的利润为正值,所有者权益较上一年有所增加。

表7-5 H公司各年资产负债表

流动资产							负债					
年份	1	2	3	4	5	6	年份	1	2	3	4	5	6
现金/万元	18	47	34	83	69	119	长期负债/万元	40	80	80	140	160	120
应收/万元		39	105	127	144	171	短期负债/万元	20	60	80	140	140	60
在制品/件	8	18	15	19	35		应付款/万元			9	3		
产成品/件	14	10		4			应缴税/万元		2	6	5	18	
原材料							1年期长期贷款/万元						
流动合计/万元	40	114	154	229	252	290	负债合计/万元	60	140	171	289	305	198
固定资产/万元							权益/万元						
土地建筑	40	40	40	40	40	40	股东资本	50	50	50	50	50	50
机器设备	5	29	21	51	109		利润留存	16	−9	−7	21	35	46
在建工程	16		27	54			年度利润	−25	2	28	14	11	36
固定合计	61	69	88	145	149	40	权益小计	41	43	71	85	96	132
资产总计	101	183	242	374	401	330	负债权益总计	101	183	242	374	401	330

在第三年的广告费投入中,由于产能不是很高,该公司选择放弃区域市场的 P3 产品,获取新的国内市场的 P3 订单。第二年共计投入广告费 13M。其中:本地市场 5 个 P1 产品、3 个 P2 产品、2 个 P3 产品;区域市场 3 个 P1 产品、2 个 P2 产品;国内市场 3 个 P1 产品、1 个 P2 产品、3 个 P3 产品。但是由于排产问题,导致该公司多接了 3 个 P1 订单和 2 个 P3 订单,为此,该公司在第三年租赁了 1 个小厂房,并在小厂房安置了 2 条手工线完成 P3 订单的生产,并于第四季度将手工生产线出售。对于多接的 P1 订单,该公司选择与 C 公司合作,花费 900 万元向 C 公司买入 3 个 P1 产品,顺利完成第二年的订单。第三年继续对亚洲市场进行开拓,进行 ISO 14000 认证,同时继续投资 1 条全自动生产线和 1 条柔性生产线的建设,以加大产能。由于第三年订单数量较多,销售额较高,取得了较高的利润,所有者权益较前两年大幅度提高。

第四年该公司将根据其他公司的产品研发情况以及产能状况,合理进行广告费投入,争取与其他公司达成合作,减少广告费的投入。第四年应收款为 105M,资金相对较为充裕。为此第四年该公司将继续投资 1 条柔性生产线的建设,变卖原有的手工生产线。同时完成 ISO 9000 和 ISO 14000 的资格认证,对 P4 产品投入研发。第四年尽可能多接单,利用充裕的资金在第一季度购买手工生产线,增大产能,继续获利,保持所有者权益稳步增加。同时将本地市场的"老大"维护好。

第五年,该公司广告费投了 14M。经过 4 年的成长,各个公司的产能都有所增加,结果选单竞争较为激烈,选单没有达到预期。这时应该增大广告费的投资,投入更多广告费来获得满意的订单,这也是该公司决策的失误。同时第五年应建立高产能的生产线,尽可能将所有生产线换为柔性生产线或全自动生产线,以实现产能最大化。

第六年是经营的最后一年,该公司要做到平稳发展,将最后一年的资金全部投入产品的生产,做好资金使用的规划,做好收官工作。

企业沙盘模拟给学员提供了一个实战平台。在实训中,学员们深刻感受与领悟了公司的经营理念,体会到了公司经营的艰辛,懂得了制定合理目标是取得长远发展的起点。强化了学员的市场竞争意识,培养了他们控制企业风险的能力。在模拟经营中,学员们能够随机应对环境变化。市场营销是企业实现利润最直接的渠道,学员们掌握了较实际的营销知识,提高了受挫耐力和心理承受能力,增强了全局观念和竞争意识、成本意识;增强了团队合作和协调能力、战略分析规划能力与决策能力、财务管理与成本控制能力。在决策的失败与成功中,学员们领会了管理技巧,提升了管理素质,同时也体会到了团队协作的乐趣。

在这次模拟实训中,学员由初时的懵懂,到最后的熟悉、熟练、掌握,提高了学员分析与思考问题的能力。学员们体验了团队协作精神,团队中个人的成功并不代表团队的成功,但团队的成功却意味着个人的成功。每个人都是团队的一分子,与团队共生存、共荣辱。

7.1.2 H公司运营策略评价

1. 产品策略

该公司6年采取的产品组合是P1、P2、P3和P4,并在第一年第一季度开始研发P2和P3,尽快让新产品迅速占领市场,所以在第二年和第三年取得了不错的经营成果。第二年和第三年是转折年,所有者权益由第一年的末尾直接升到第三年的榜首,为将来持续领先其他公司打下了很好的基础。在第四年开始做P4,也是可以的。但是后期P1产品的生产和销售接单仍占较大份额,见表7-3,后几年P1的接单量还是较大,导致后期的营利能力略微下降。如果将后期生产和销售的战略转移到高级产品上,甚至放弃P1产品,效果可能会更好。总之,该公司的产品策略在当前环境下算是比较成功的。

2. 广告

该公司的广告策略是第一年只投了1M,拿了一个较小的订单。因为收入少,投资大,导致第一年结束时利润亏损25M,所有者权益垫底。这种开局是不是很糟糕?其实不然,本书第5章广告策略部分已经分析过。因第一年市场单一,产品只有P1,总容量很小,这时如果贸然投入较多的广告费,风险是较大的。如果能抢夺到"市场老大"当然是最理想的,如果抢不到,很可能会出现接到的订单的毛利比广告费还低,就会得不偿失。所以开局采取稳健的接单策略,在一定情况下是值得提倡的。从第二年开始广告费用稳步增加,并且保持在10M以上(见表7-2),整体效果还是不错的。但第二年广告费的确有些多(见图7-1),广告产出比较低,因为第二年各公司新产品接单能力都很弱,基本上投了广告费就能选择订单,并且都选小单,因为新产品生产能力弱,所以这种情况下不建议投入太多广告费。

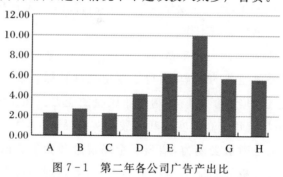

图7-1 第二年各公司广告产出比

3. 选单

从产品的毛利可以分析出(见表7-6),H公司与其他公司相比毛利是比较低的,但该公司的利润率和净资产使用率是非常不错的,说明该公司的选单策略还需进一步优化。当然这也跟产品策略密切相关,毛利低也有可能是因为P1产品的比重高。

表7-6 第三年各组财务指标

	指标	A	B	C	D	E	F	G	H
收益力	毛利率/%	56.25	58.75	58.02	61.43	61.64	59.18	58.97	55.63
	利润率/%	9.38	23.75	22.22	20.00	10.96	-12.24	5.13	28.87
	净资产收益率/%	27.27	40.43	50.00	29.17	21.62	-21.43	12.50	57.75

4. 负债

对于长期负债,该公司采取了较为稳健的第一种策略。在第一年长期贷款没有贷满,当年需要多少贷多少,从第二年开始长期贷款贷满。这种策略在一定程度上降低了财务风险,因为第一年贷款是在第六年年末还,从第二年贷的长期贷款到6年经营结束时是不需要归还本金的,所以这种策略是比较可行的。第二种策略是第一年长期贷款全部贷满。这样的好处是会比前一种策略获得更多的可利用资金,比如这样可以使长期贷款额度达到120M。但是该公司采取的第一种策略长期贷款额度只能达到80M,有差额40M的资金利用机会。当然,第二种策略的缺点是,每年需要支付高额利息和第6年年末归还本金。故两种长期贷款策略要结合自身的发展,需慎重选择。

对负债而言,该公司的策略较为合适,在后期所有者权益提高,有了更高的贷款额度的时候,果断贷满,将资金投到企业的生产经营中去。

5. 生产线

生产线的投资在前期就做好计划比较好。比如第一年就增加了一条全自动生产线和一条半自动生产线,但后期稍显不足,比如柔性生产线与全自动高级生产线数量太少,出现了产能乏力的趋势。另外,在接单过程中,对超过产能的部分订单采取增加手工生产线的策略,效果不错。

7.2 ERP沙盘模拟大赛案例分析(创业之星电子沙盘)

为了使学生更好地把握企业经营管理模拟课程的精髓,目前国内各大机构举办了形式多样的学科竞赛。比如,教育部高等教育司主办的全国大学生工程训练创新能力竞赛——企业运营仿真赛,高等学校国家级实验示范中心主办的"学创杯"全国大学生创业综合模拟大赛,以及"新道杯"ERP沙盘模拟企业经营大赛等。这些赛事在国内高校产生了广泛的影响力。近几年丽江文化旅游学院ERP沙盘教研团队也代表学校积极参加了"学创杯"全国大学生创业综合模拟大赛、全国大学生工程训练创新能力竞赛——企业运营仿真赛等赛事,并在省级、国家级大赛中取得了多个一等奖、二等奖的成绩,部分获奖证书见图7-2。

图 7-2　丽江文化旅游学院参加 ERP 沙盘模拟大赛获奖证书

"学创杯"创业综合模拟大赛是国家 A 类赛事,进入了中国高等教育学会公布的"高校大学生竞赛榜单"56 项赛事名单之列。"学创杯"企业经营管理模拟大赛采用的竞赛平台为创业之星。接下来选取获得云南省赛一等奖的一支团队的方案作为案例进行经营策略分析,同时提出一些反思并进行总结,以期对读者有所启发。

7.2.1　四季度经营策略分析

省赛采用的是创业之星软件的智能手环模板,丽江文化旅游学院 ERP 沙盘教研团队通过对市场和规则的分析,决定采用的开局方案为 2 研(研发 1 商务、1 白领),产品设计最多为 8 款产品,针对的消费群体分别为商务 2 款、白领 3 款、青年 1 款、老年 2 款,并且第一季度设计 5 款,其中研发 2 款,直接销售的为 3 款,购买 3 条手工生产线、2 条柔性生产线,租 1 个小厂房,购买 1 个大厂房。此方案主要是注重盈利,高端产品占到了 5 款,并且有 2 款是自己研发的,比较容易取得订单,同时有 2 款针对老年群体的产品,可以提高市场占有率和加速资金回流。总体上,此方案对市场的适应性比较强,容错率较高,是目前比较值得推崇的方案。

另外,为了提高比赛的可操作性和效率,化繁为简,团队对设计的产品用一些代码简称。用第一位数字的1、2、3分别代表屏幕类型 LED、TFT、OLED;用第二位数字的1、2、3代表腕带材质;用第三位数字代表待机时间;用第四、五、六、七位数字的1、2、3、4代表是否用附件,没有用附件就不用标明。比如老年111产品的含义就是设计一个"LED+塑料+7天"的老年产品。本团队具体的8款产品设计结构明细如表7-7所示。此外,用字母"S"代表商务、字母"B"代表白领、字母"Q"代表青年、字母"L"代表老年消费群体。

表7-7 产品设计结构

产品结构		屏幕（只能选1个）			腕带（只能选1个）			待机（只能选1个）				附加（可同时选多个）				产品类型（只能选1个）			
配置	名称	LED	TFT	OLED	塑胶	金属	皮革	7天以下	15天	30天	30天以上	有氧	心率	GPS	支付	商务	白领	青年	老年
S113	S1	1			1					1						1			
S3333	S2			1		1				1				1	1	1			
B1111	B1	1			1			1				1					1		
B1331	B2	1					1			1							1		
B1121	B3	1			1				1			1					1		
Q212	Q1		1			1			1									1	
L121	L1	1			0	1		1	0			0						0	1
L122	L2	1				1			0	1									1

1. 第一季度经营策略

(1)产品设计方案。第一季度设计 S113、S3333、B1331、B1111、Q212。因为第一季度老年消费群体没有订单,所以不设计老年款。同时研发 S3333 和 B1331,研发的目的是提高配置,使高端产品的配置权重分提高,从而获得更多订单。

(2)厂房与生产设备。买1个中厂房,租1个小厂房,购买2条柔性生产线、3条手工生产线,季度末卖中厂房和3手工生产线。买2条柔性生产线的目的是提高以后的产能,并且柔性生产线比手工生产线生产效率高,所以将手工生产线生产完产品后就卖掉,将2条柔性生产线安装到小厂房。卖中厂房的目的是提高资金的使用效率,节省租金和折旧费,维持较高的所有者权益。

(3)招聘。招聘3个工人(1人/手工生产线),1个销售(华东市场),签订劳动合同。1个工人的最大生产能力是90,第一季度每款产品计划投产量都不超过90,因此每条手工生产线招1个工人。每个销售对每款产品的销售能力是100,通过市场分析,后期每个市场对每款产品的需求均量一般不超过100,因此所有市场都各自招聘1个销售就能达到销售目标。

(4)排产,采购材料,生产。第一季度的排产计划如表7-8所示。根据生产计划推导出所需各种原材料的数量如表7-9所示。每款产品生产的数量一般是根据每款产品均单量的数值来进行调配生产。均单量是由市场需求量和产品数量的比值计算得出的。

表7-8 第一季度生产计划

产品	配置	手工生产线/条	柔性生产线/条	产成品/个
S1	S111	52		39
S2	S3333			0
B1	B1111	44		33
B2	B1331			0
B3	B1121			0
Q1	Q212	60		45
L1	L121			0
L2	L122			0
求和		156	0	117

表7-9 第一季度原材料需求

原材料	数量/件
高亮LED屏幕	96
TFT全彩触摸屏	60
塑胶	156
7天以下	44
15天	60
30天	52
有氧锻炼	44

(5)报价,设上限。报价按照最高价格来报,上限按照产能来设。

(6)市场。西北市场放弃,其他市场全开。因为资金流的限制,无法全开市场。

(7)贷款。需要多少就贷多少,但不能超过20万。第一季度的贷款原则是资金够用就行,因为贷多了会产生利息,第一季度的所有者权益下降,影响下季度的贷款额度。

(8)广告费。第一季度末剩余的钱全部投入广告。广告投放的原则是集中大部分投白领和商务,青年适中,老年少量甚至不投,并且每类消费群体往成本低的产品投放。

(9)预采购。OLED 70,有氧90,GPS 70。预采购的数量根据下季度的排产计划决定,所以在预采购之前,把下季度需要预采材料的产品提前做个排产。

(10)产品交货,库存登记,下季度排产。

2. 第二季度经营策略

第二季度产品设计 Q112、L121、L122;招聘 5 个工人,并将他们和上季度招聘的 3 个工人一起安排到柔性生产线上;招聘 2 个销售,签订劳动合同,将他们分别派到华北、华南市场;继续投资华中、西南和东北市场,同时进行 3C 认证,因为此方案注重盈利,所以需 3C 认证,这样在第四季度前两个市场上才能卖商务和白领款产品;贷款金额为 86873 元,第二季度的贷款原则是系统中剩余的额度全部贷出,能贷多少就贷多少,将资金投到运营中去;柔性生产线进行升级,这样可以进一步提高成品率,下季度成品率由 0.9 变为 0.91,这样可以降低产品的成本;生产计划见表 7-10,计划投产 630,从销售情况看,产品几乎全部卖光,说明本季度投产的量较少,产品比较好卖,如果根据当前市场情况投产 720 或 840 是比较合理的;广告费用投入情况见表 7-10,可以适当增加 S113 的广告投放费。总之,第二季度基本决策较为合理,最大的问题是产能略低,产品不够卖,可以适当增加产能。

表 7-10 第二季度生产、销售、广告投放表

产品	配置	手工生产线/条	柔性生产线/条	产成品/个	可售/个	销售/个	库存/个	广告费/元
S1	S113		60	54	61	59	2	15000
S2	S3333		80	72	72	72		
B1	B1111		70	63	68	67	1	30000
B2	B1331		80	72	72	72	0	
B3	B1121		50	45	45	44	1	
Q1	Q212		80	72	80	80		10100
L1	L121		110	99	99	99		1500
L2	L122		100	90	90	90		
合计		0	630	567	587	583	4	56600

3. 第三季度经营策略

第三季度首先把没到期的应收款进行全部贴现,随后进行投资东北市场和 3C 认证,进行设备升级。这些操作结束后进行资金预算,发现当前季度资金可以支持增加 2 条手工生产线。加生产线的目的是增加产能,因为通过上季度的销售发现市场供小于求,所以资金尽可能多地流入生产,提高产能。而只有手工线是即买即用,故租用 1 个小厂房安装手工生产线,2 条手工生产线季末出售。然后招聘 7 个工人,柔性生产线安排 3 人,手工生产线安排 4 人,招聘 2 个销售,分别安排到华中和西南市场。具体的排产计划见表 7-11。从销售情况看,各个产品有少量的库存,原因是加大了产能,这种情况属正常,不怕多,就怕不够卖,本季度的排产比较合理。广告费用共计 29000 元(见表 7-11),商务和青年的广告费略低,这是没钱导致的。总体上,第三季度的经营策略是成功的,尤其是增加了 2 条手工生产线,提高了产能,从而本季度的销售收入大幅增加,本季度结束后,综合表现排名也晋升到了前几名。

表 7-11　第三季度生产、销售、广告投放表

产品	配置	手工生产线/条	柔性生产线/条	产成品/个	可售/个	销售/个	库存/个	广告费/元
S1	S113		130	118.3	120.3	93.3	27	10000
S2	S3333		130	118.3	118.3	105.3	13	
B1	B1111		150	136.5	137.5	132.5	5	12000
B2	B1331		150	136.5	136.5	130.5	6	
B3	B1121		80	72.8	73.8	66.8	7	
Q1	Q212		180	163.8	163.8	144.8	19	6000
L1	L121	180	50	180.5	180.5	157.5	23	1000
L2	L122	180	30	162.3	162.3	146.3	16	
合计		360	900	1089	1093	977	116	29000

4. 第四季度经营策略

第四季度总体的经营策略是把钱尽可能多地投到生产上，留 3 万左右投广告。因此，首先回笼资金，将没到期的应收款全部贴现。如果有贷款额度，也全部贷出。其次，通过资金预算，发现当前季度资金可以支持增加 6 条手工生产线。然后，招聘 8 个工人，1 个销售派到东北市场，签订劳动合同，租用 1 个大厂房。接着做好排产（见表 7-12）。根据生产计划采购原材料，进行生产。最后，投入广告费用（见表 7-12）。从最终的销售情况来看，第四季度的经营策略无疑是成功的，最终综合表现成绩晋升到了第一名。

表 7-12　第四季度生产、销售、广告投放表

产品	配置	手工生产线/条	柔性生产线/条	产成品/个	可售/个	销售/个	库存/个	广告费/元
S1	S113		180	165.6	192.6	171.6	21	10100
S2	S3333		200	184	197	195	2	
B1	B1111	180	80	208.6	213.6	185.6	28	11100
B2	B1331		250	230	236	221	15	
B3	B1121		110	101.2	108.2	103.2	5	
Q1	Q212	180	80	208.6	227.6	215.6	12	8100
L1	L121	360		270	293	282	11	3100
L2	L122	360		270	286	264	22	
合计		1080	900	1638	1754	1638	116	32400

此外，以上经营策略和方案数据仅供参考，在不同的市场环境和不同的经营规则下，经营策略、数据都是变化的。

7.2.2 总结与反思

1.产品设计

可以看到,产品的目标销售群体分老年、青年、白领、商务4大类。设计使用原材料有屏幕类型、腕带材质、待机时间和附加4大类,屏幕类型、腕带材质、待机时间都有3到4种,设计产品必须分别从这3大类中各选1种,而附加则是可有可无的,不选也能用,选了效果更好,当然同时成本更高也更复杂,可能需要研发。

值得一提的是产品最多只能设计8款,但是这8款产品可以分2个季度设计,不一定要在第一季度就设计完,产品越早设计出来就可以越早投产,才能尽快实现销售盈利并回流资金。而第一季度少设计产品则可以减少第一季度占用的资金,设计研发的产品不是资产,所以第一季度少设计可以让企业的所有者权益下降得更少,从而在第二季度能拿到更多的贷款,有更多的钱用于广告,在第二季度的销售上有优势。所以早上产品积累口碑早营利是一种策略,晚上产品、多投广告费、多卖产品也是一种策略,具体选择什么样的策略需要分析市场,同时要与企业的战略相结合。需要特别注意的是,研发产品务必在第一季度就设计好并投入研发,第二季度所有产品务必全部设计完毕,因为创业之星在某种程度上也是一个"滚雪球"的比赛,由于口碑的存在,其他条件相同的情况下,好卖的产品会越来越好卖,而一般比赛只打4个季度,2个季度再不上所有产品,仅凭最后2个季度很难追回来。另外,产品设计时选用的原材料不是越高级就越好,而要考虑消费群体的喜好倾向。因为消费群体不同,比如老年、青年群体顾客,有时候反而是相对较低端、便宜实惠的原材料更受青睐,这个时候用太高级的原材料反而是费力不讨好。

产品可以设计成一样,但是有三点需注意。第一,同一类型产品不能设计两个相同的方案,比如设计了1个商务113后,就不能再设计1个商务113,但是可以设计1个白领113和1个青年113。第二,虽然产品可以设计成一样,但是名字不能一样,否则后设计的方案无法保存,所以尽量取不一样的名字。此外产品名称只能用汉字、数字和字母,不能包含其他特殊字符,否则有可能导致服务器卡顿出错。第三,设计完成后要保存,需要研发的产品必须先进行研发,否则是不能生产销售的。产品设计在当前季度是可以撤销的,如果已经研发,就要先撤销研发再撤销设计。

2.产品研发

如果设计使用了很多高级材料或者使用了GPS或支付功能,那么这个产品就需要研发。每设计一个产品需要3W的费用,而研发一个产品每季度需要2W。研发的产品不仅投入更多,而且在未研发成功之前是不能投产的,所以一般都是在第一季度进行研发,第二季度投产销售,而且研发产品刚刚上市的时候因为没有前期的口碑积累,也会在一定程度上影响销量,甚至在某些情况下会出现研发的产品卖得还不如未研发的产品。同时考虑到现金流的巨大压力,一般不会研发太多产品。当然一个合理的研发产品由于本身的功能分很高,即使不投广告也可以卖得很好。商务类型的消费群体对产品的要求很高，对产品功能分也很看重，所以一般来说最常见的就是研发商务产品。白领消费群体对产品的要求次之，一般来说研发白领产品的就相对少一些。至于针对老年、青年群体的产品一般不会去研发，老年、青年消费群体更青睐用简单材料做成的产品。用高级材料生产产品需要研发，上市晚并且成本高，而且消费者还不买账，因为根本不喜欢，所以销量也上不去，再加上老年、青年产品的售价也低，所以总的来说研发老年、青年产品是非常不合理的。研发商务产品是最简单的，因为基本来说用高级材料就能加分，但是这里需要考虑成本和原材料付款周期因素。

上述选取的案例分析采用的是 2 研发。2 研发不算少见，一般 30 组的话会有 20 个以上的组是 1 研发，1~5 个组是 0 研发，4~5 个组是 2 研发。手环模板所有产品的配置权重总体来说都极高（商务 60，白领 50，青年 40，老年 30），研发的产品有天然优势。2 研发一般是研发 1 个商务 1 个白领，也有很少研发 2 个商务的。一般来说，通常都是选择少开一个市场加资质认证，因为商务产品市场订单总量较小，虽然利润高，但是市场占有率很难提高，而由于研发投入较大，前期的资金比较紧张，用于打广告的钱很少。但研发产品本身功能分极高，就算没有广告也能获得很多订单，在一定程度上可以弥补市场占有率低的状况。

3. 贴现

贴现分两种情况，一种是经营过程中为了扩大生产或者进行广告促销等活动，把应收款贴现出来当前季度使用。这种贴现虽然要收手续费，但无论是用于开拓市场、扩大生产还是进行广告促销，一般来说都是利大于弊的。这种贴现没什么技术含量，也不需要多讲，记住该贴现就贴现。另一种就是产品交付后，为了避免结算时出现紧急贷款而进行的账款贴现。在交单之后，需要计算企业的现金在本季度末和下季度初是否会断流，因为诸如制造成本、员工工资、行政管理费用、违约金、银行还款等都是在季度末结算，而应付款、办公室租金、上季度应交税金、预购原材料货款都是在下季度初结算，结算之后资金的支出都由系统自动扣除，如果现金断流，系统会自动产生紧急贷款，紧急贷款的利息是 20%，而且每产生一次紧急贷款系统会额外扣除 5 分，所以为了不出现紧急贷款，这种贴现是非常必要的。如果交单后经过计算发现资金会断流，那么可以进行贴现，并且要贴二季度到账的应收款。

第四季度贴现和第二、三季度类似，但也有不同。以四季度比赛为例，第五季度初是否产生紧急贷款，已经不影响最终业绩了，因为最终业绩是系统翻到第五季度后，回看第四季度的业绩，所以只需要第四季度末的各项结算完成后，现金仍然为"正"即可，所以如果需要贴现，贴一个季度到账的就可以。

4. 贷款

随着不断发展壮大，企业往往会缺少足够的资金。这个时候企业就需要去银行贷款，增加自己可支配的现金，扩张自己的研发、生产、营销规模，在保证能按期还本付息的同时，取得更大的利润。

（1）采用贴现法贷款。即先从本金中扣除利息部分，到期时偿还贷款全部本金。采用这种方法,企业可利用的贷款额只有本金减去利息后的差额,因此贷款的实际利率高于名义利率。比如贷款 10W,利息是 5%,实际拿到的钱其实是 95W,而如果想拿到 10W 现金的话,需要贷款 105263 元,因此需要获得多少贷款需提前计算。

(2)系统总授信金额等于上季度末净资产减去已借款金额,单期最大贷款金额是 20W。贷款要从第一、二季度就开始考虑,如果不是确实需要,不要第一季度直接把 20W 贷完。若第一季度贷款多相应地利息就多,导致所有者权益下降,进而影响第二季度的贷款,当然一般而言,第二季度的贷款金额能贷多少就全部贷完。

(3)贷款的偿还周期是 3 个季度。第一季度的贷款将在第四季度末系统结算时偿还,第二季度的贷款将在第五季度末系统结算时偿还,以此类推。结算顺序是倒数第二位,倒数第一是系统进行紧急贷款,所以只要保证现金能够支付完各项费用并支持偿还贷款,就不会在第四季度末出现新的紧急贷款。此外要注意,四季度的比赛确实不会还第二季度的贷款,但是贷款依然计入负债,资产减去负债才是所有者权益。在不考虑利息的情况下,多 10 万贷款和少 10 万贷款,所有者权益不会有任何变化,但是多 10 万贷款能多 10 万的现金,便会有更大量的资金去开拓市场进行生产销售,赚取更多利润,这才是贷款最重要的意义。

5. 卖生产线、退租

投产结束之后,需要对手工生产线做预售处理,把没有柔性生产线的厂房退租,这个时候厂房和生产线还在,等到季度末生产完成后,才会被系统自动卖掉。没投产就出售的生产线会直接卖掉,钱会马上到账。

为什么要卖掉手工线?其实最终目的是通过降低成本提高利润,在这方面使用柔性生产线生产比手工生产线优势更大。柔性生产线 90% 的成品率和手工生产线 75% 的成品率比起来,柔性生产线生产提高了效率降低了成本;柔性生产线生产单个产品 10 块的加工费和手工生产线单个产品 30 块的加工费比起来,降低了成本;2 条柔性生产线的产出产品比 5 条手工生产线的产出产品还多,2 条柔性生产线的维护费是 6000,5 条手工生产线的维护费是 7500,也节省了费用。以上说明柔性生产线在降低成本方面有很大优势。同样的销售额,成本越低,利润也就越多。因此在比赛中,柔性生产线是提供产能的主力设备。另外,第一季度忘记出售手工生产线会怎么样?出现这种情况虽然对第一季度的所有者权益没有影响并且不会影响第二季度的贷款,但是生产线本身产生了折旧,如果第二季度再卖,每条手工生产线就只能卖到 4.75W,一条生产线产生了 2500 元的折旧费用。

6. 报价

报价这项操作虽然技术含量不高,但是绝不能忘记,没有报价就得不到订单,没有订单就卖不了产品,所以报价非常重要。报价就是给各个市场的产品定一个价格和一个订单上限,每多一个销售可以多 100 上限。也可以自行设置一个上限,上限设好后无论产品有多好卖,最多也只能卖到上限数。如果产品很好卖而设置的上限有些低的话,一定程度上可能会损失一些订单,但是在产能不足的时候,会避免出现大量订单违约而交违约金的情况。至于价格,一般来说要报最高价,这是一贯的报价方法,降价在一定程度上可以获得更多的订单,但是损失的利润也很多。一个初创的公司,充足的资金比市场占有率更重要,所以直接报最高价即可。

7. 订单分配

报完价后,系统会分配订单。分配订单的规则如下:消费者选择产品将以每个参与公司的5项评价为依据,5项评分高的公司获得的市场需求就多,分值低的公司获得的需求就少。这是首次分配,首次分配后如果还有剩余的订单则将进行二次分配。例如:某消费群体总共有1000订单需求,A、B、C三个公司竞争,A公司设100上限,B公司设300上限,C公司没有设置上限。在第一轮分配中,根据5项分值,A公司应该可以拿到150,B公司应该可以拿到450,C公司应该可以拿到400,合计正好是全部需求1000。但由于A公司设置了100的上限,所以最终实际拿到100,B公司设置了300的上限,所以最终实际拿到300,C公司没有设置上限,所以实际拿到400,合计800的需求在第一轮分配中已经被消耗。对于A、B两家设置了上限的公司,分别有50(150-100)、4150(50-300)的需求没有在第一轮竞争中得到满足,所以200(50+150)的未满足需求将继续参与二次选择。二次分配中,A、B公司由于已经达到上限,将不再参与竞争,只剩下C公司竞争,还是根据5个竞争因素,C公司应该可以拿到200,C公司没有设置上限,实际拿到200,累计达到600。这样A、B、C最终实际的量就是100、300、600,总共1000的需求全部得到满足,没有多余需求累计到下季度。假设前面C公司也设置了上限,那就可能出现部分需求最终无法得到满足,这部分需求将累计到下季度。另外,如果A、B、C公司中本期有违约未能交付的需求,也将一并累计到下季度。所以在产能过剩的情况下,公司可以通过不设上限获得额外订单。

8. 订单交付

订单交付需要教师端(主控)进入产品配送后才能进行。进入产品配送后,系统会自动计算每个公司在每个细分市场的应该获得的订单情况,同时在制品会变成成品,然后到制造部的订单交付处交单。

交单没什么太多的技巧,有多少订单就交多少对应的产品。多交交不了,少交会违约。违约金是按标准价格的30%缴纳,和报价多少没关系,和具体每个市场的最高限价也没关系(标准价格为商务1000,白领800,青年600,老年400)。如果出现违约,为了降低违约成本,可以先交价格高的市场上的订单,优先满足价高市场的需求。如果网络不好,交单很卡,经常交单失败,这时候分成多批次进行交单。

9. 制作基本表格

在实际比赛中,为了取得更准确的市场数据和决策数据,需要进行大量计算。而为了提高计算的准确性和效率,一般需要制作表格作为辅助。一般推荐的表格有材料采购表、生产表、比例法报价表及贴现表。

(1) 材料采购表。材料采购表包括材料类型、产品、价格(注意每季度价格不一样)、数量、总价。材料采购表一般是跟生产表联动的,填好生产表后,就会自动计算出所需的每样材料的数量。

(2) 生产表。生产表包含生产线类型、要生产的产品、成品率、库存。填好生产数量后,即可知道完成生产后有多少产品。

(3) 比例法报价表。比例法报价表,即按照单个市场中产品占所有市场的同一产品的比例设置上限。如华东市场白领需求 200,市场白领总需求 1000,那么华东市场白领占 0.2。假定比赛有 100 个可销售的某白领产品,那么该产品在华东市场的上限就以 20(100×0.2)来做参考。

此外,拥有完备的表格,并利用其作为比赛的辅助工具。通过表格,可以系统地记录每场比赛的数据,包括参赛人数、市场情况以及方案分布等。这不仅便于赛后复盘,深入研究当场的比赛情况,还能探究出最优的方案和产品结构。此外,还可以依据表格中的数据,分析每个季度投放哪种类型的产品广告能获得最大的收益,并确定最优的投放量。通过这些数据,公司可以评估自己的方案是否有潜力获得更好的名次,以及如何进行必要的改进。当未来面临类似的环境时,这些数据将会为公司提供宝贵的参考,帮助公司做出明智的决策。

7.3 学员感言

ERP 沙盘模拟实训心得

黄晓慧

通过这段时间对 ERP 实训课程的学习,我收获颇丰。从一知半解到如今对大部分规则都能熟练运用,这个过程虽然充满了磕磕绊绊,但是让我积累了丰富的经验。在这次的 ERP 沙盘实训的小组中,我担任的是生产总监,因而我会以从本组以及其他组中所学习到的知识,从生产的角度总结这次心得,内容如下。

(1) 经营的每一步都应该踏实进行,熟悉规则,各司其职。在第一次生产 P3 产品时,由于没有认真查看所需的原材料,导致生产时原材料出现差错,引起了一系列的差错,使得大家不得不重新盘算各个账单。除此之外,负责记录应收款项和长、短期负债的同学,由于疏忽,使得款项和负债出现误差,导致后期核算出现问题。在生产过程中,有时为赶进度,我在更新生产时会出现漏更或更错的现象,而在我无暇顾及时,其他成员会替我进行,这就导致我不能清晰并准确地记住生产进度。一旦生产过程出现差错,便需借助照片或账单重新盘算生产进度,从而拖垮了整体进度。

(2) 需要养成时刻记录的习惯。在预测下一年度产量时,需提前确定需要变更或投产的生产线,从而确定最终的产量,而有时这些数据和想法可能要在下一次课上才会实施,但由于没有及时的记录,导致在接单时没有准确的数据,在生产时预测量和实际产量出现误差,尤其在生产线、产品和材料的相互制约之下,使得有些失误难以挽回,从而打乱了整个投资和生产计划。

(3) 需要制订完整和长期的投资生产计划。在生产过程中,缺少完整且长期的投资生产计划,基本上属于走一步看一步,这将会把大部分的时间浪费在对"下一步"的制订而不是调整中,而调整的时间则需额外提供,这就会不断占用其他操作的时间。而没有明确的投资生产时间和数量的情况下,过早过多的投资会导致生产出现资金短缺问题,而过晚的投资会使得生产延迟,产量受限,整体收益减少。

(4)进行合理的广告投资规划,且需预估风险,适时选择分散或集中的投资策略。在广告投资过程中,除了考虑产量之外,我们团队更多考虑的是成本,缺少对风险的预估和评判。降低成本,追求短期的利益在后期市场的广告投资中表现得尤为明显。广告投入趋于集中,加之ISO认证的费用也过高,同时为保住单个"市场老大"的地位,导致出现"鸡蛋放在同一个篮子里"的现象。人的趋利心理使得投资趋向更优的市场,而趋利避害心理使得除优质市场竞争激烈外,中等市场的竞争也尤其激烈。侥幸心理会使得对市场风险的注意程度降低,更大程度上加剧了集中投资的可能性。但市场价格和订单量有时并不会成正比,大量且集中的投资者也不一定能成为市场的既得利益者,而此时若将"鸡蛋"放在同一个"篮子"里,会出现接单不足的状况,导致出现大量库存,甚至可能出现接不到单子而血本无归。因而在广告投资时应当适时分散投资,以此来分散风险。

常言:"知己知彼,百战不殆。"除审视自身存在的不足之外,也应向其他优秀的运营小组学习,不能闭门造车。"取其精华,去其糟粕",以此更好地完善公司的未来发展规划。

ERP 沙盘模拟实训心得

嵇李萍

一个成功企业的持续经营并不是某一方面的独立作用,而是需要目标、理念、预算、决策、团队合作、资金等多个方面的综合作用。ERP沙盘模拟实训已经落下帷幕,在这个模拟过程中,我们在老师的带领下,模拟企业的运营,大概了解了正常运营一个企业的过程。

在企业管理模拟运营中,我们遇到了许多大大小小的问题。在解决这些问题后,我的体会是,遇到问题进行决策时,要进行理性分析,不能依赖感性盲目竞争。以下6点,是我在模拟实训中担任采购总监(CPO)这个角色时的心得。

(1)作为一个团队,成员之间一定要互相协作,充分发挥团队精神,对各自的任务负责。纵观整个模拟实验过程,我们组一直都很团结,有共同的目标,组员也各司其职,积极研究和制定企业战略。

(2)协同分析市场需求,理性投入广告费用。市场需求的分析是由市场总监(CMO)和首席执行官(CEO)共同完成的,但在分析需求后要对相应的市场投入广告费用,因此需要财务方面的配合,协助销售主管分析投入的广告费用额度,以求用最合理的广告费取得满意的生产订单,尽量降低生产成本。本组的其他组员也会给予相应的意见,以免市场总监(CMO)和首席执行官(CEO)疏漏了有些风险。

(3)合理安排投资项目及资金预算。企业运营初期,资产并不能满足企业扩大生产的需求,需要投资新设备,因此财务总监(CFO)需要配合首席执行官(CEO)、生产总监(COO)、采购总监(CPO)、市场总监(CMO)共同分析企业的发展方向,在资金允许的情况下,投资新生产线、研发产品等,由于设备不同、产品的投资期限不同,因而需要准备安排各个项目的投资时间和资金投入量。在此方面,我觉得本小组的做法还是存在问题。运营的前四年,企业在生产线、产品研发和拓宽市场方面资金投入太大,同时广告费投入出现失误,销售收入不多,以致企业资金周转出现困难,再加上所有者权益较低,无法借到更多的贷款,使得企业前几年运营较为困难。但是在第四年之后,生产线、产品研发和拓宽市场的投资取得了较好收益,资金周转正常,企业开始有了利润,所有者权益增加。

(4)准确计算产能,合理选择订单。生产需要加工费,企业必须准确计算自身的产能,根据产能和生产所需的费用支出合理选择订单,按时完成生产任务,避免支付不必要的罚款。若罚款超出企业资金预算范围,也会给企业资金周转造成困难。

(5)根据产能和生产订单合理安排材料订购。由于不同材料的订购提前期不同,因此需要合理安排材料的订购时间,同时对材料的订购费用做好预算,保证企业拥有足够的资金用于正常生产。企业运营的前三年,由于材料需求量不大,本组在这方面不是十分注意,后几年随着产品需求量的增加,我们才逐渐注意材料订单的时间安排,同时尽量在结束年时做到零库存。

(6)根据市场前景预测,合理开发市场和投资资格认证。在模拟实训中,共提供了本地、区域、国内、亚洲和国际5个市场。本地市场在开始时已准入,所以我们只需考虑开发后4个市场。一般情况下,建议市场全开。另外,实训中我们还需选择投资 ISO 9000 和 ISO 14000 资格认证,配合产品的销售要求。

综上各方面,企业经营管理的整个过程是很复杂的。需要从整个企业的角度考虑问题,合理利用资金,做好各项费用的预算,使整个企业在资金的周转运营上游刃有余。如果资金出现紧缺,要及时考虑申请短期贷款、长期贷款、应收款贴现、变卖生产线、出售厂房等。在合理的资产负债率前提下,尽可能获取更多的外在可利用的资金,发挥最大的财务杠杆作用,这样才能使企业在激烈的市场竞争中更容易脱颖而出。

ERP 沙盘模拟实训心得

周紫萱

ERP 沙盘模拟实训结束了,虽然最后我们组的所有者权益在所有组中不是最好的,但我们组的组员在实训过程中都努力付出过,同时学到了很多新知识。ERP 沙盘模拟的第一节课,我们组就按照每个组员的优势分配了 CEO 等职务,我的职务是市场总监。市场总监的职责是维护企业现有市场,积极拓展新市场,投放广告,根据企业生产能力取得销售订单并做好登记。

第一年的第一个环节就是投广告费,我们都没有经验,不知道该投多少,最后只能凭感觉投了一些。接下来填写现金流量表时又出现了问题,大家手忙脚乱,因为对许多规则不是很熟悉。整个第一年,由于我们计划按照保守的方式来运营,所以投入的广告费比较少,因此这一年获得的订单比较少,导致生产线上的产品无法销售出去,只能作为库存,这样一来我们这一年利润比较少。在前两年我们就研发了新的产品并购置了2条生产线,因订单少加上投入研发费用,导致我们组始终处于亏损的状态。到了第三年,我们加大了广告费的投入,争取多抢订单,因此成为了区域市场的"市场老大"。但随之而来的是资金不足的问题,所以我们就决定借了短期借款。到了第四年,由于我们一直在扩大生产,因此销售收入一下子提高了,在弥补完以前年度亏损的基础上获得了利润。之后的几年,我们一切按计划继续保持良好的运营,按计划获得了订单,再以销定产,控制节奏,保证资金流顺畅。但最后一年,我们在广告费投入方面出现了失误,导致没有拿到预期的订单,所以最后销售额很小,影响了所有者权益的进一步提高。

作为市场总监,我深深地体会到了投入广告费的重要性。投入广告费是公司一年运营的开始,广告费的多少决定着公司是否能当上"市场老大",是否能够获得尽可能多的订单,这也决定着公司在这一年盈利的多少。

通过这次实训,我最大的体会就是意识到了团队的重要性。开始我们对规则和职责不熟悉,导致有的不是自己的工作自己做了,而本该自己做的却没有做,从而使整个局面有点混乱。但是后期认识到了这个问题,在大家的共同努力下及时进行了调整与改正,明确了首先应做好自己的本职工作,与此同时尽量让各项任务有机结合起来,使整个流程更顺利地运行下去。

ERP沙盘模拟实训心得

孙启乐

(1)要有完整的规划。本组起步的时候没有对未来做好规划,导致接单数量和产量不符,报表改了又改。因此从生产线的选择到市场开发都要有系统的规划。没有完整的发展计划,就无法预测资金的使用情况,也就不能结合企业经营状况向银行申请贷款,等到需要资金时再贷款,根本无法满足生产和销售的需要。因此制定适合公司发展的战略,是ERP公司成功经营的关键。

(2)广告费的投入。本组因为最后一年广告费投入失败,导致只接了4个订单,在最后关头掉链子,成绩排名下滑。广告费的投入需要深思熟虑,需要根据市场需求量和大众心理合理进行。

(3)弄清规则。本组前期很多基础规则都不明白,一直在看规则并在实践中反复斟酌,报表也是一轮一轮进行修改,既浪费时间又有损公司效益。因而一定要在弄清规则的前提下进行操作。

(4)团队协作的重要性。生产过程中各司其职才能提高效率,采购总监除了要跟生产总监做好配合,还要与财务总监做好配合。财务总监每年都要做一次财务预算,所有进出款项都要一清二楚。在做好自己本职工作的基础上,互相协作也是很有必要的,这样既能使公司营利,也能真正地学到东西。

(5)需要缜密思考。在做生产计划的时候,为了使生产成本降到最低,实现公司利润最大化,需要考虑的问题是非常多的。例如:首先要考虑是否有能力完成市场订单,还要考虑生产设备什么时候购买,买什么设备,买几条生产线,原材料是否足够,流动资金是否充足。在做计划的时候不仅要考虑自己的计划,还要考虑其他部门的计划。不能根据自己的主观判断去行事,而要根据客观事实理性地进行计算分析,认真做好每一个计划。

(6)细心。细心具体表现在财务报表的填写上。填写财务报表时,一个小错误都会导致财务数据出现问题,资产负债表不平。所以在填写报表时一定要细心,查找出每个可能出现问题的点,在根源处解决问题。

ERP 沙盘模拟实训心得

周开彪

我是第一次接触 ERP 沙盘企业经营模拟实训,从刚开始的迷茫,到实训时的不断努力,再到最后的熟悉与回味,ERP 沙盘模拟实训操作让我学到了很多,懂得了很多。

记得我第一次到实验室后,面对一堆模拟工具,充满了好奇心。虽然在老师的指导下我们已经对小组成员进行了分工,但由于没有进行充分准备,我们小组的成员并没有各尽其责,没有计划性地进行生产经营,于是在实训过程中出现了一系列问题。

不管是在实训过程中还是实训结束后,我都深深地体会到要经营一个企业并不是想象中的那么简单。不管你是企业的总裁还是财务总监、采购总监、营销总监、生产总监,每一步的决策和计划都要全方面考虑,而不能凭主观臆断去盲目决策。那样做的后果,只会使企业陷入困境甚至破产。在做每一个决定的时候,我们都要进行全方面详细的分析与计算,任何一个细节没有考虑周全都可能导致全局的失败。对于我们这些还没有走出校园的学生来说,训练运营一个企业的确是一件充满挑战和困难的事情。开始的时候,每个人都在考虑究竟怎样经营才不会让企业破产,正式操作的时候又是困难重重,由于对经营规则理解得不透彻,很多时候会出现错误。到后来,每一步的操作都要确认好几遍才放心。实践和理论相差还是很大的,我们这些习惯"啃"书本的学生,要想自己独立经营管理企业,自己做决策并担责,还需要更多的磨炼与实践。

在经营过程中,我们遇到了资金不足、生产能力不足或过剩、如何进行市场开发和产品研发、如何合理投放广告等一系列问题。这些问题让我们手忙脚乱,焦头烂额。在操作的过程中自己做了很多的不合理的决定。例如,未能及早开发新产品,生产线建设、市场开发不及时,广告投放不是太多造成浪费就是太少拿不到想要的订单,等等。回味实训的过程,有很多事情需要我们用心去理解和感悟,这些是我们从书本上无法学到的,也是我们以后走向社会所需要的宝贵经验。

能力训练

通过对创业之星电子沙盘模拟大赛案例的分析,你认为比较好的开局方案是什么?试着具体设计一下,包括产品设计、研发、市场开拓、设备、厂房、融资、现金流、广告、报价等策略,并注明理由。

附 录

激烈的企业模拟竞争就要开始了。4～8年中,跌宕起伏,有喜有悲,我们将完全走进自己所选择的管理角色的内心世界,体验每一次决策的成败得失。人生能有几回搏,把它记录下来吧,这将是你人生中值得回味的一段记忆。

附录A　企业运营表

附录B　企业经营所用各项表单

附录C　市场需求预测

 C-1　6年市场需求量及价格预测图

 C-2　8年市场需求量及价格预测图

 C-3　4年市场需求量及价格预测图

附录D　沙盘规则汇总

 D-1　FRD沙盘模拟经营规则(6～8年)

 D-2　创业沙盘模拟经营规则(6～8年)

 D-3　创业沙盘模拟经营规则(4年)

附录 A 企业运营表

起始年

企业经营流程 请按顺序执行下列各项操作。	每执行完一项操作，CEO 在相应的方格内打勾。 财务总监（助理）在方格中填写现金收支情况。				
新年度规划会议					
参加订货会/登记销售订单					
制订新年度计划					
支付应付税					
季初现金盘点（请填余额）					
更新短期贷款/还本付息/申请短期贷款（高利贷）					
更新应付款/归还应付款					
原材料入库/更新原料订单					
下原料订单					
更新生产/完工入库					
投资新生产线/变卖生产线/生产线转产					
向其他企业购买原材料/出售原材料					
开始下一批生产					
更新应收款/应收款收现					
出售厂房					
向其他企业购买成品/出售成品					
按订单交货					
产品研发投资					
支付行政管理费					
其他现金收支情况登记					
支付利息/更新长期贷款/申请长期贷款					
支付设备维护费					
支付租金/购买厂房					
计提折旧					（ ）
新市场开拓/ISO 资格认证投资					
结账					
现金收入合计					
现金支出合计					
期末现金对账（请填余额）					

现金预算表

	1	2	3	4
期初库存现金				
支付上年应交税				
市场广告投入				
贴现费用				
利息（短期贷款）				
支付到期短期贷款				
原料采购支付现金				
转产费用				
生产线投资				
工人工资				
产品研发投资				
收到现金前的所有支出				
应收款到期				
支付管理费用				
利息（长期贷款）				
支付到期长期贷款				
设备维护费用				
租金				
购买新建筑				
市场开拓投资				
ISO认证投资				
其他				
库存现金余额				

要点记录

第一季度：＿＿＿＿＿＿＿＿＿＿＿＿＿＿＿＿＿＿＿＿＿＿＿＿＿＿＿＿＿＿＿＿＿＿＿＿＿

第二季度：＿＿＿＿＿＿＿＿＿＿＿＿＿＿＿＿＿＿＿＿＿＿＿＿＿＿＿＿＿＿＿＿＿＿＿＿＿

第三季度：＿＿＿＿＿＿＿＿＿＿＿＿＿＿＿＿＿＿＿＿＿＿＿＿＿＿＿＿＿＿＿＿＿＿＿＿＿

第四季度：＿＿＿＿＿＿＿＿＿＿＿＿＿＿＿＿＿＿＿＿＿＿＿＿＿＿＿＿＿＿＿＿＿＿＿＿＿

年底小结：＿＿＿＿＿＿＿＿＿＿＿＿＿＿＿＿＿＿＿＿＿＿＿＿＿＿＿＿＿＿＿＿＿＿＿＿＿

销售订单登记表

订单号										合计
市场										
产品										
数量										
账期										
销售额										
成本										
毛利										
未售										

组间交易明细表

购买			售出		
产品	数量	金额	产品	数量	金额

销售产品核算统计表

	P1	P2	P3	P4	合计
数量					
销售额					
成本					
毛利					

综合管理费用明细表　　　　　　　　　　　　　　　　单位：百万元

项目	金额	备注
管理费		
广告费		
保养费		
租金		
转产费		
市场准入开拓		□区域　□国内　□亚洲　□国际
ISO 资格认证		□ISO 9000　□ISO 14000
产品研发		P2(　)　P3(　)　P4(　)
其他		
合计		

利润表 单位:百万元

项目	上年数	本年数
销售收入	35	
直接成本	12	
毛利	23	
综合费用	11	
折旧前利润	12	
折旧	4	
支付利息前利润	8	
财务收入/支出	4	
其他收入/支出		
税前利润	4	
所得税	1	
净利润	3	

资产负债表 单位:百万元

资产	期初数	期末数	负债和所有者权益	期初数	期末数
流动资产:			负债:		
现金	20		长期负债	40	
应收款	15		短期负债		
在制品	8		应付款		
成品	6		应交税金	1	
原料	3		一年内到期的长期负债		
流动资产合计	52		负债合计	41	
固定资产:			所有者权益:		
土地和建筑	40		股东资本	50	
机器与设备	13		利润留存	11	
在建工程			年度净利	3	
固定资产合计	53		所有者权益合计	64	
资产总计	105		负债和所有者权益总计	105	

第一年

企业经营流程 请按顺序执行下列各项操作。	每执行完一项操作，CEO 在相应的方格内打勾。 财务总监（助理）在方格中填写现金收支情况。				
新年度规划会议					
参加订货会/登记销售订单					
制订新年度计划					
支付应付税					
季初现金盘点（请填余额）					
更新短期贷款/还本付息/申请短期贷款（高利贷）					
更新应付款/归还应付款					
原材料入库/更新原料订单					
下原料订单					
更新生产/完工入库					
投资新生产线/变卖生产线/生产线转产					
向其他企业购买原材料/出售原材料					
开始下一批生产					
更新应收款/应收款收现					
出售厂房					
向其他企业购买成品/出售成品					
按订单交货					
产品研发投资					
支付行政管理费					
其他现金收支情况登记					
支付利息/更新长期贷款/申请长期贷款					
支付设备维护费					
支付租金/购买厂房					
计提折旧					（ ）
新市场开拓/ISO 资格认证投资					
结账					
现金收入合计					
现金支出合计					
期末现金对账（请填余额）					

现金预算表

	1	2	3	4
期初库存现金				
支付上年应交税				
市场广告投入				
贴现费用				
利息（短期贷款）				
支付到期短期贷款				
原料采购支付现金				
转产费用				
生产线投资				
工人工资				
产品研发投资				
收到现金前的所有支出				
应收款到期				
支付管理费用				
利息（长期贷款）				
支付到期长期贷款				
设备维护费用				
租金				
购买新建筑				
市场开拓投资				
ISO 认证投资				
其他				
库存现金余额				

要点记录

第一季度：_____

第二季度：_____

第三季度：_____

第四季度：_____

年底小结：_____

销售订单登记表

订单号										合计
市场										░
产品										░
数量										░
账期										░
销售额										
成本										
毛利										
已售										

组间交易明细表

购买			售出		
产品	数量	金额	产品	数量	金额

销售产品核算统计表

	P1	P2	P3	P4	合计
数量					
销售额					
成本					
毛利					

综合管理费用明细表   单位：百万元

项目	金额	备注
管理费		
广告费		
保养费		
租金		
转产费		
市场准入开拓		□区域　□国内　□亚洲　□国际
ISO资格认证		□ISO 9000　　□ISO 14000
产品研发		P2(　)　　P3(　)　　P4(　)
其他		
合计		

利润表 单位：百万元

项目	上年数	本年数
销售收入		
直接成本		
毛利		
综合费用		
折旧前利润		
折旧		
支付利息前利润		
财务收入/支出		
其他收入/支出		
税前利润		
所得税		
净利润		

资产负债表 单位：百万元

资产	期初数	期末数	负债和所有者权益	期初数	期末数
流动资产：			负债：		
现金			长期负债		
应收款			短期负债		
在制品			应付款		
成品			应交税金		
原料			一年内到期的长期负债		
流动资产合计			负债合计		
固定资产：			所有者权益：		
土地和建筑			股东资本		
机器与设备			利润留存		
在建工程			年度净利		
固定资产合计			所有者权益合计		
资产总计			负债和所有者权益总计		

第二年

企业经营流程 请按顺序执行下列各项操作。	每执行完一项操作，CEO在相应的方格内打勾。 财务总监(助理)在方格中填写现金收支情况。				
新年度规划会议					
参加订货会/登记销售订单					
制订新年度计划					
支付应付税					
季初现金盘点（请填余额）					
更新短期贷款/还本付息/申请短期贷款（高利贷）					
更新应付款/归还应付款					
原材料入库/更新原料订单					
下原料订单					
更新生产/完工入库					
投资新生产线/变卖生产线/生产线转产					
向其他企业购买原材料/出售原材料					
开始下一批生产					
更新应收款/应收款收现					
出售厂房					
向其他企业购买成品/出售成品					
按订单交货					
产品研发投资					
支付行政管理费					
其他现金收支情况登记					
支付利息/更新长期贷款/申请长期贷款					
支付设备维护费					
支付租金/购买厂房					
计提折旧					( )
新市场开拓/ISO资格认证投资					
结账					
现金收入合计					
现金支出合计					
期末现金对账（请填余额）					

现金预算表

	1	2	3	4
期初库存现金				
支付上年应交税				
市场广告投入				
贴现费用				
利息（短期贷款）				
支付到期短期贷款				
原料采购支付现金				
转产费用				
生产线投资				
工人工资				
产品研发投资				
收到现金前的所有支出				
应收款到期				
支付管理费用				
利息（长期贷款）				
支付到期长期贷款				
设备维护费用				
租金				
购买新建筑				
市场开拓投资				
ISO认证投资				
其他				
库存现金余额				

要点记录

第一季度：_____

第二季度：_____

第三季度：_____

第四季度：_____

年底小结：_____

销售订单登记表

订单号										合计
市场										
产品										
数量										
账期										
销售额										
成本										
毛利										
已售										

组间交易明细表

购买			售出		
产品	数量	金额	产品	数量	金额

销售产品核算统计表

	P1	P2	P3	P4	合计
数量					
销售额					
成本					
毛利					

综合管理费用明细表   单位:百万元

项目	金额	备注
管理费		
广告费		
保养费		
租金		
转产费		
市场准入开拓		□区域　□国内　□亚洲　□国际
ISO资格认证		□ISO 9000　　□ISO 14000
产品研发		P2(　)　　P3(　)　　P4(　)
其他		
合计		

利润表　　　　　　　　　　　　　　　　　　　　　　　　单位：百万元

项目	上年数	本年数
销售收入		
直接成本		
毛利		
综合费用		
折旧前利润		
折旧		
支付利息前利润		
财务收入/支出		
其他收入/支出		
税前利润		
所得税		
净利润		

资产负债表　　　　　　　　　　　　　　　　　　　　　　单位：百万元

资产	期初数	期末数	负债和所有者权益	期初数	期末数
流动资产：			负债：		
现金			长期负债		
应收款			短期负债		
在制品			应付款		
成品			应交税金		
原料			一年内到期的长期负债		
流动资产合计			负债合计		
固定资产：			所有者权益：		
土地和建筑			股东资本		
机器与设备			利润留存		
在建工程			年度净利		
固定资产合计			所有者权益合计		
资产总计			负债和所有者权益总计		

第三年

企业经营流程 请按顺序执行下列各项操作。		每执行完一项操作,CEO在相应的方格内打勾。 财务总监(助理)在方格中填写现金收支情况。			
	新年度规划会议				
	参加订货会/登记销售订单				
	制订新年度计划				
	支付应付税				
	季初现金盘点(请填余额)				
	更新短期贷款/还本付息/申请短期贷款(高利贷)				
	更新应付款/归还应付款				
	原材料入库/更新原料订单				
	下原料订单				
	更新生产/完工入库				
	投资新生产线/变卖生产线/生产线转产				
	向其他企业购买原材料/出售原材料				
	开始下一批生产				
	更新应收款/应收款收现				
	出售厂房				
	向其他企业购买成品/出售成品				
	按订单交货				
	产品研发投资				
	支付行政管理费				
	其他现金收支情况登记				
	支付利息/更新长期贷款/申请长期贷款				
	支付设备维护费				
	支付租金/购买厂房				
	计提折旧				( )
	新市场开拓/ISO资格认证投资				
	结账				
	现金收入合计				
	现金支出合计				
	期末现金对账(请填余额)				

现金预算表

	1	2	3	4
期初库存现金				
支付上年应交税		▓	▓	▓
市场广告投入		▓	▓	▓
贴现费用				
利息（短期贷款）				
支付到期短期贷款				
原料采购支付现金				
转产费用				
生产线投资				
工人工资				
产品研发投资				
收到现金前的所有支出				
应收款到期				
支付管理费用				
利息（长期贷款）	▓	▓	▓	
支付到期长期贷款	▓	▓	▓	
设备维护费用	▓	▓	▓	
租金	▓	▓	▓	
购买新建筑	▓	▓	▓	
市场开拓投资	▓	▓	▓	
ISO认证投资	▓	▓	▓	
其他				
库存现金余额				

要点记录

第一季度：_____

第二季度：_____

第三季度：_____

第四季度：_____

年底小结：_____
_____

销售订单登记表

订单号											合计
市场											
产品											
数量											
账期											
销售额											
成本											
毛利											
已售											

组间交易明细表

购买			售出		
产品	数量	金额	产品	数量	金额

销售产品核算统计表

	P1	P2	P3	P4	合计
数量					
销售额					
成本					
毛利					

综合管理费用明细表   单位:百万元

项目	金额	备注
管理费		
广告费		
保养费		
租金		
转产费		
市场准入开拓		□区域　□国内　□亚洲　□国际
ISO 资格认证		□ISO 9000　　□ISO 14000
产品研发		P2(　)　　P3(　)　　P4(　)
其他		
合计		

利润表 单位：百万元

项目	上年数	本年数
销售收入		
直接成本		
毛利		
综合费用		
折旧前利润		
折旧		
支付利息前利润		
财务收入/支出		
其他收入/支出		
税前利润		
所得税		
净利润		

资产负债表 单位：百万元

资产	期初数	期末数	负债和所有者权益	期初数	期末数
流动资产：			负债：		
现金			长期负债		
应收款			短期负债		
在制品			应付款		
成品			应交税金		
原料			一年内到期的长期负债		
流动资产合计			负债合计		
固定资产：			所有者权益：		
土地和建筑			股东资本		
机器与设备			利润留存		
在建工程			年度净利		
固定资产合计			所有者权益合计		
资产总计			负债和所有者权益总计		

第四年

企业经营流程 请按顺序执行下列各项操作。	每执行完一项操作，CEO在相应的方格内打勾。 财务总监(助理)在方格中填写现金收支情况。				
新年度规划会议					
参加订货会/登记销售订单					
制订新年度计划					
支付应付税					
季初现金盘点(请填余额)					
更新短期贷款/还本付息/申请短期贷款(高利贷)					
更新应付款/归还应付款					
原材料入库/更新原料订单					
下原料订单					
更新生产/完工入库					
投资新生产线/变卖生产线/生产线转产					
向其他企业购买原材料/出售原材料					
开始下一批生产					
更新应收款/应收款收现					
出售厂房					
向其他企业购买成品/出售成品					
按订单交货					
产品研发投资					
支付行政管理费					
其他现金收支情况登记					
支付利息/更新长期贷款/申请长期贷款					
支付设备维护费					
支付租金/购买厂房					
计提折旧					( )
新市场开拓/ISO资格认证投资					
结账					
现金收入合计					
现金支出合计					
期末现金对账(请填余额)					

现金预算表

	1	2	3	4
期初库存现金				
支付上年应交税				
市场广告投入				
贴现费用				
利息（短期贷款）				
支付到期短期贷款				
原料采购支付现金				
转产费用				
生产线投资				
工人工资				
产品研发投资				
收到现金前的所有支出				
应收款到期				
支付管理费用				
利息（长期贷款）				
支付到期长期贷款				
设备维护费用				
租金				
购买新建筑				
市场开拓投资				
ISO 认证投资				
其他				
库存现金余额				

要点记录

第一季度：_____

第二季度：_____

第三季度：_____

第四季度：_____

年底小结：_____

销售订单登记表

订单号											合计
市场											
产品											
数量											
账期											
销售额											
成本											
毛利											
已售											

组间交易明细表

购买			售出		
产品	数量	金额	产品	数量	金额

销售产品核算统计表

	P1	P2	P3	P4	合计
数量					
销售额					
成本					
毛利					

综合管理费用明细表　　　　　　　　　　　　　　单位:百万元

项目	金额	备注
管理费		
广告费		
保养费		
租金		
转产费		
市场准入开拓		□区域　□国内　□亚洲　□国际
ISO 资格认证		□ISO 9000　　□ISO 14000
产品研发		P2( )　　P3( )　　P4( )
其他		
合计		

利润表 单位:百万元

项目	上年数	本年数
销售收入		
直接成本		
毛利		
综合费用		
折旧前利润		
折旧		
支付利息前利润		
财务收入/支出		
其他收入/支出		
税前利润		
所得税		
净利润		

资产负债表 单位:百万元

资产	期初数	期末数	负债和所有者权益	期初数	期末数
流动资产:			负债:		
现金			长期负债		
应收款			短期负债		
在制品			应付款		
成品			应交税金		
原料			一年内到期的长期负债		
流动资产合计			负债合计		
固定资产:			所有者权益:		
土地和建筑			股东资本		
机器与设备			利润留存		
在建工程			年度净利		
固定资产合计			所有者权益合计		
资产总计			负债和所有者权益总计		

第五年

企业经营流程 请按顺序执行下列各项操作。	每执行完一项操作,CEO在相应的方格内打勾。 财务总监(助理)在方格中填写现金收支情况。			
新年度规划会议				
参加订货会/登记销售订单				
制订新年度计划				
支付应付税				
季初现金盘点(请填余额)				
更新短期贷款/还本付息/申请短期贷款(高利贷)				
更新应付款/归还应付款				
原材料入库/更新原料订单				
下原料订单				
更新生产/完工入库				
投资新生产线/变卖生产线/生产线转产				
向其他企业购买原材料/出售原材料				
开始下一批生产				
更新应收款/应收款收现				
出售厂房				
向其他企业购买成品/出售成品				
按订单交货				
产品研发投资				
支付行政管理费				
其他现金收支情况登记				
支付利息/更新长期贷款/申请长期贷款				
支付设备维护费				
支付租金/购买厂房				
计提折旧				( )
新市场开拓/ISO资格认证投资				
结账				
现金收入合计				
现金支出合计				
期末现金对账(请填余额)				

现金预算表

	1	2	3	4
期初库存现金				
支付上年应交税				
市场广告投入				
贴现费用				
利息（短期贷款）				
支付到期短期贷款				
原料采购支付现金				
转产费用				
生产线投资				
工人工资				
产品研发投资				
收到现金前的所有支出				
应收款到期				
支付管理费用				
利息（长期贷款）				
支付到期长期贷款				
设备维护费用				
租金				
购买新建筑				
市场开拓投资				
ISO 认证投资				
其他				
库存现金余额				

要点记录

第一季度：

第二季度：

第三季度：

第四季度：

年底小结：

销售订单登记表

订单号										合计
市场										
产品										
数量										
账期										
销售额										
成本										
毛利										
已售										

组间交易明细表

购买			售出		
产品	数量	金额	产品	数量	金额

销售产品核算统计表

	P1	P2	P3	P4	合计
数量					
销售额					
成本					
毛利					

综合管理费用明细表 单位:百万元

项目	金额	备注
管理费		
广告费		
保养费		
租金		
转产费		
市场准入开拓		□区域 □国内 □亚洲 □国际
ISO 资格认证		□ISO 9000 □ISO 14000
产品研发		P2( ) P3( ) P4( )
其他		
合计		

利润表 单位：百万元

项目	上年数	本年数
销售收入		
直接成本		
毛利		
综合费用		
折旧前利润		
折旧		
支付利息前利润		
财务收入/支出		
其他收入/支出		
税前利润		
所得税		
净利润		

资产负债表 单位：百万元

资产	期初数	期末数	负债和所有者权益	期初数	期末数
流动资产：			负债：		
现金			长期负债		
应收款			短期负债		
在制品			应付款		
成品			应交税金		
原料			一年内到期的长期负债		
流动资产合计			负债合计		
固定资产：			所有者权益：		
土地和建筑			股东资本		
机器与设备			利润留存		
在建工程			年度净利		
固定资产合计			所有者权益合计		
资产总计			负债和所有者权益总计		

第六年

企业经营流程 请按顺序执行下列各项操作。	每执行完一项操作，CEO在相应的方格内打勾。 财务总监（助理）在方格中填写现金收支情况。			
新年度规划会议				
参加订货会/登记销售订单				
制订新年度计划				
支付应付税				
季初现金盘点（请填余额）				
更新短期贷款/还本付息/申请短期贷款（高利贷）				
更新应付款/归还应付款				
原材料入库/更新原料订单				
下原料订单				
更新生产/完工入库				
投资新生产线/变卖生产线/生产线转产				
向其他企业购买原材料/出售原材料				
开始下一批生产				
更新应收款/应收款收现				
出售厂房				
向其他企业购买成品/出售成品				
按订单交货				
产品研发投资				
支付行政管理费				
其他现金收支情况登记				
支付利息/更新长期贷款/申请长期贷款				
支付设备维护费				
支付租金/购买厂房				
计提折旧				（　）
新市场开拓/ISO资格认证投资				
结账				
现金收入合计				
现金支出合计				
期末现金对账（请填余额）				

现金预算表

	1	2	3	4
期初库存现金				
支付上年应交税				
市场广告投入				
贴现费用				
利息（短期贷款）				
支付到期短期贷款				
原料采购支付现金				
转产费用				
生产线投资				
工人工资				
产品研发投资				
收到现金前的所有支出				
应收款到期				
支付管理费用				
利息（长期贷款）				
支付到期长期贷款				
设备维护费用				
租金				
购买新建筑				
市场开拓投资				
ISO 认证投资				
其他				
库存现金余额				

要点记录

第一季度：_____

第二季度：_____

第三季度：_____

第四季度：_____

年底小结：_____

销售订单登记表

订单号										合计
市场										
产品										
数量										
账期										
销售额										
成本										
毛利										
已售										

组间交易明细表

购买			售出		
产品	数量	金额	产品	数量	金额

销售产品核算统计表

	P1	P2	P3	P4	合计
数量					
销售额					
成本					
毛利					

综合管理费用明细表　　　　　　　　　　　　　　　　　单位：百万元

项目	金额	备注
管理费		
广告费		
保养费		
租金		
转产费		
市场准入开拓		□区域　□国内　□亚洲　□国际
ISO 资格认证		□ISO 9000　□ISO 14000
产品研发		P2(　)　P3(　)　P4(　)
其他		
合计		

利润表 单位:百万元

项目	上年数	本年数
销售收入		
直接成本		
毛利		
综合费用		
折旧前利润		
折旧		
支付利息前利润		
财务收入/支出		
其他收入/支出		
税前利润		
所得税		
净利润		

资产负债表 单位:百万元

资产	期初数	期末数	负债和所有者权益	期初数	期末数
流动资产:			负债:		
现金			长期负债		
应收款			短期负债		
在制品			应付款		
成品			应交税金		
原料			一年内到期的长期负债		
流动资产合计			负债合计		
固定资产:			所有者权益:		
土地和建筑			股东资本		
机器与设备			利润留存		
在建工程			年度净利		
固定资产合计			所有者权益合计		
资产总计			负债和所有者权益总计		

附录B 企业经营所用各项表单

公司采购登记表

1年	1季				2季				3季				4季			
原材料	R1	R2	R3	R4	R1	R2	R3	R4	R1	R2	R3	R4	R1	R2	R3	R4
订购数量																
采购入库																

2年	1季				2季				3季				4季			
原材料	R1	R2	R3	R4	R1	R2	R3	R4	R1	R2	R3	R4	R1	R2	R3	R4
订购数量																
采购入库																

3年	1季				2季				3季				4季			
原材料	R1	R2	R3	R4	R1	R2	R3	R4	R1	R2	R3	R4	R1	R2	R3	R4
订购数量																
采购入库																

4年	1季				2季				3季				4季			
原材料	R1	R2	R3	R4	R1	R2	R3	R4	R1	R2	R3	R4	R1	R2	R3	R4
订购数量																
采购入库																

5年	1季				2季				3季				4季			
原材料	R1	R2	R3	R4	R1	R2	R3	R4	R1	R2	R3	R4	R1	R2	R3	R4
订购数量																
采购入库																

6年	1季				2季				3季				4季			
原材料	R1	R2	R3	R4	R1	R2	R3	R4	R1	R2	R3	R4	R1	R2	R3	R4
订购数量																
采购入库																

公司贷款申请表

贷款类		1年				2年				3年				4年				5年				6年			
		1	2	3	4	1	2	3	4	1	2	3	4	1	2	3	4	1	2	3	4	1	2	3	4
短期贷款	借																								
	还																								
紧急贷款	借																								
	还																								
短期贷款余额																									
监督员签字																									
长期贷款	借																								
	还																								
长期贷款余额																									
上年权益																									
监督员签字																									

应收款登记表

公司	款类		1年				2年				3年			
			1	2	3	4	1	2	3	4	1	2	3	4
	应收期	1												
		2												
		3												
		4												
	到款													
	贴现													
	贴现费													

公司	款类		4年				5年				6年			
			1	2	3	4	1	2	3	4	1	2	3	4
	应收期	1												
		2												
		3												
		4												
	到款													
	贴现													
	贴现费													

市场开发投入登记表

公司代码：＿＿＿＿＿＿＿

年度	区域市场(1Y)	国内市场(2Y)	亚洲市场(3Y)	国际市场(4Y)	完成	监督员签字
第1年						
第2年						
第3年						
第4年						
第5年						
第6年						
总计						

产品开发登记表

年度	P2	P3	P4	总计	完成	监督员签字
第1年						
第2年						
第3年						
第4年						
第5年						
第6年						
总计						

ISO 认证投资

年度	第1年	第2年	第3年	第4年	第5年	第6年
ISO 9000						
ISO 14000						
总计						
监督员签字						

广告登记表　　　　　　　　　　　　　组别：_____

第1年本地			第2年本地			第3年本地			第4年本地			第5年本地			第6年本地			第7年本地			第8年本地		
产品	广告	9K	14K	产品	广告	9K	14K	产品	广告	9K	14K	产品	广告	9K	14K	产品	广告	9K	14K	产品	广告	9K	14K
P1				P1				P1				P1				P1				P1			
P2				P2				P2				P2				P2				P2			
P3				P3				P3				P3				P3				P3			
P4				P4				P4				P4				P4				P4			

(Note: 表格共分五大区域：本地、区域、国内、亚洲、国际，每个区域结构与上表相同，均为第1年至第8年，产品P1-P4，广告、9K、14K三列。)

第1年区域			第2年区域			第3年区域			第4年区域			第5年区域			第6年区域			第7年区域			第8年区域		
产品	广告	9K	14K	产品	广告	9K	14K	产品	广告	9K	14K	产品	广告	9K	14K	产品	广告	9K	14K	产品	广告	9K	14K
P1				P1				P1				P1				P1				P1			
P2				P2				P2				P2				P2				P2			
P3				P3				P3				P3				P3				P3			
P4				P4				P4				P4				P4				P4			

第1年国内			第2年国内			第3年国内			第4年国内			第5年国内			第6年国内			第7年国内			第8年国内		
产品	广告	9K	14K	产品	广告	9K	14K	产品	广告	9K	14K	产品	广告	9K	14K	产品	广告	9K	14K	产品	广告	9K	14K
P1				P1				P1				P1				P1				P1			
P2				P2				P2				P2				P2				P2			
P3				P3				P3				P3				P3				P3			
P4				P4				P4				P4				P4				P4			

第1年亚洲			第2年亚洲			第3年亚洲			第4年亚洲			第5年亚洲			第6年亚洲			第7年亚洲			第8年亚洲		
产品	广告	9K	14K	产品	广告	9K	14K	产品	广告	9K	14K	产品	广告	9K	14K	产品	广告	9K	14K	产品	广告	9K	14K
P1				P1				P1				P1				P1				P1			
P2				P2				P2				P2				P2				P2			
P3				P3				P3				P3				P3				P3			
P4				P4				P4				P4				P4				P4			

第1年国际			第2年国际			第3年国际			第4年国际			第5年国际			第6年国际			第7年国际			第8年国际		
产品	广告	9K	14K	产品	广告	9K	14K	产品	广告	9K	14K	产品	广告	9K	14K	产品	广告	9K	14K	产品	广告	9K	14K
P1				P1				P1				P1				P1				P1			
P2				P2				P2				P2				P2				P2			
P3				P3				P3				P3				P3				P3			
P4				P4				P4				P4				P4				P4			

公司第　年生产及设备状态记录表

生产线编号		1	2	3	4	5	6	7	8	9	10	产出合计			
产出情况		产出(P)	产出(P)	产出(P)	产出(P)	产出(P)	产出(P)	产出(P)	产出(P)	产出(P)	产出(P)	P1	P2	P3	P4
1季度末	生产线	手/半/自/柔/空	手/半/自/柔/空	手/半/自/柔/空	手/半/自/柔/空	手/半/自/柔/空	手/半/自/柔/空	手/半/自/柔/空	手/半/自/柔/空	手/半/自/柔/空	手/半/自/柔/空				
		停产	停产	停产	停产	停产	停产	停产	停产	停产	停产				
		在产(P/Q)	在产(P/Q)	在产(P/Q)	在产(P/Q)	在产(P/Q)	在产(P/Q)	在产(P/Q)	在产(P/Q)	在产(P/Q)	在产(P/Q)				
		在建(Q)	在建(Q)	在建(Q)	在建(Q)	在建(Q)	在建(Q)	在建(Q)	在建(Q)	在建(Q)	在建(Q)				
		转产(Q)	转产(Q)	转产(Q)	转产(Q)	转产(Q)	转产(Q)	转产(Q)	转产(Q)	转产(Q)	转产(Q)				

生产线编号		1	2	3	4	5	6	7	8	9	10	产出合计			
产出情况		产出(P)	产出(P)	产出(P)	产出(P)	产出(P)	产出(P)	产出(P)	产出(P)	产出(P)	产出(P)	P1	P2	P3	P4
2季度末	生产线	手/半/自/柔/空	手/半/自/柔/空	手/半/自/柔/空	手/半/自/柔/空	手/半/自/柔/空	手/半/自/柔/空	手/半/自/柔/空	手/半/自/柔/空	手/半/自/柔/空	手/半/自/柔/空				
		停产	停产	停产	停产	停产	停产	停产	停产	停产	停产				
		在产(P/Q)	在产(P/Q)	在产(P/Q)	在产(P/Q)	在产(P/Q)	在产(P/Q)	在产(P/Q)	在产(P/Q)	在产(P/Q)	在产(P/Q)				
		在建(Q)	在建(Q)	在建(Q)	在建(Q)	在建(Q)	在建(Q)	在建(Q)	在建(Q)	在建(Q)	在建(Q)				
		转产(Q)	转产(Q)	转产(Q)	转产(Q)	转产(Q)	转产(Q)	转产(Q)	转产(Q)	转产(Q)	转产(Q)				

产出情况	生产线编号	1	2	3	4	5	6	7	8	9	10	产出合计			
		产出(P)	产出(P)	产出(P)	产出(P)	产出(P)	产出(P)	产出(P)	产出(P)	产出(P)	产出(P)	P1	P2	P3	P4
3季度末	生产线	手/半/自/柔/空	手/半/自/柔/空	手/半/自/柔/空	手/半/自/柔/空	手/半/自/柔/空	手/半/自/柔/空	手/半/自/柔/空	手/半/自/柔/空	手/半/自/柔/空	手/半/自/柔/空				
	停产														
	在产(P/Q)														
	在建(Q)														
	转产(Q)														

产出情况	生产线编号	1	2	3	4	5	6	7	8	9	10	产出合计			
		产出(P)	产出(P)	产出(P)	产出(P)	产出(P)	产出(P)	产出(P)	产出(P)	产出(P)	产出(P)	P1	P2	P3	P4
4季度末	生产线	手/半/自/柔/空	手/半/自/柔/空	手/半/自/柔/空	手/半/自/柔/空	手/半/自/柔/空	手/半/自/柔/空	手/半/自/柔/空	手/半/自/柔/空	手/半/自/柔/空	手/半/自/柔/空				
	停产														
	在产(P/Q)														
	在建(Q)														
	转产(Q)														

附录 C 市场需求预测

C-1 6年市场需求量及价格预测图

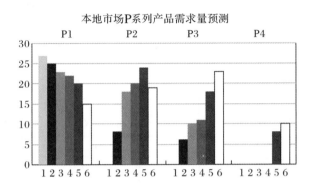
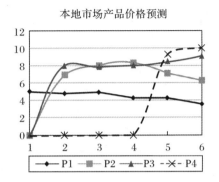

本地市场将会持续发展,对低端产品的需求可能要下滑。伴随着需求的减少,低端产品的价格很有可能走低。后几年,随着高端产品的成熟,市场对 P3、P4 产品的需求将会逐渐增大。由于客户质量意识不断提高,后几年对产品的 ISO 9000 和 ISO 14000 认证可能会有更多的需求。

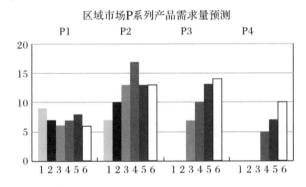
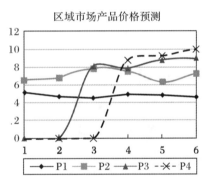

区域市场的客户相对稳定,P 系列产品需求的变化很有可能比较平稳。因紧邻本地市场,所以产品需求量的走势可能与本地市场相似,价格趋势也应大致一样。该市场容量有限,对高端产品的需求也可能相对较小,但客户会对产品的 ISO 9000 和 ISO 14000 认证有较高的要求。

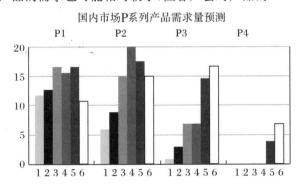
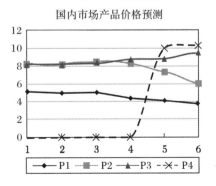

P1 产品带有较浓的地域色彩，估计国内市场对 P1 产品不会有持久的需求。但 P2 产品因更适合于国内市场，估计需求一直比较平稳。随着消费者对 P 系列产品的逐渐认同，估计对 P3 产品的需求会发展较快。但对 P4 产品的的需求就不一定像 P3 产品那样旺盛了。当然，对高价值的产品来说，客户一定会更注重产品的质量认证。

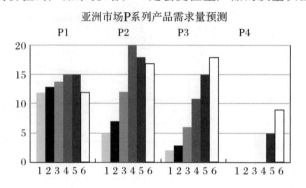
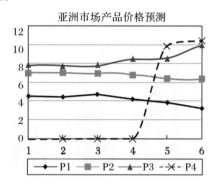

这个市场对 P1 产品需求较为稳定，但对新产品很敏感，估计 P2、P3、P4 产品的需求量会快速增长，价格也可能不菲。另外，这个市场的消费者很看重产品的质量，所以没有 ISO 9000 和 ISO 14000 认证的产品可能很难销售。

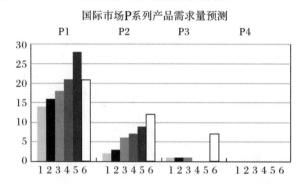
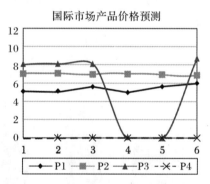

P 系列产品进入国际市场可能需要一个较长的时期。有迹象表明，市场对 P1 产品已经有所认同，但 P1 产品还需要一段时间才能被市场接受。同样，市场对 P2、P3、P4 产品也会很谨慎地接受。因此 P 系列产品需求增长较慢。当然，国际市场的客户也会关注具有 ISO 认证的产品。

C-2 8年市场需求量及价格预测表

P系列产品需求量预测

本地市场

年份	P1	P2	P3	P4
1	27			
2	25	8	6	
3	23	18	10	
4	22	20	11	
5	20	24	18	8
6	15	19	23	10
7	13	20	26	15
8	4	9	17	11

区域市场

年份	P1	P2	P3	P4
1	9	7		
2	7	10		
3	6	13	7	
4	7	17	10	5
5	8	13	13	7
6	6	13	14	10
7		7	15	11
8		3	10	9

国内市场

年份	P1	P2	P3	P4
1	12	6	1	
2	13	9	3	
3	17	15	7	
4	16	20	7	
5	17	18	15	4
6	11	15	17	7
7	7	11	23	9
8	4	4	18	8

P系列产品价格预测

本地市场

年份	P1	P2	P3	P4
1	5			
2	4.8	6.8	7.9	
3	4.9	7.8	7.8	
4	4.2	8	8	
5	4.2	7.1	8.4	9.3
6	3.6	6.3	9	10
7		4.9	9.2	10.2
8	3	4.5	9.8	10.8

区域市场

年份	P1	P2	P3	P4
1	5	6.5		
2	4.6	6.9		
3	4.5	8	8	
4	4.9	7.4	7.8	8.8
5	4.8	6.3	9.2	9.2
6	4.6	7.2	9	10
7		4.5	9.5	11.2
8		4.4	9.6	10.9

国内市场

年份	P1	P2	P3	P4
1	5	8	8	
2	4.9	8	8	
3	4.9	8.3	8.2	
4	4.3	8	8.6	
5	4	7.2	8.6	9.8
6	3.7	5.9	9.3	10
7	3.4	4.4	10.5	10
8	3.5	4.2	10.5	10.5

亚洲市场				
年份	P1	P2	P3	P4
1	12	5	2	
2	13	7	3	
3	14	12	6	
4	15	20	11	
5	15	18	15	5
6	12	17	18	9
7	14	18	23	11
8	6	8	15	7

亚洲市场				
年份	P1	P2	P3	P4
1	4.5	7	7.9	
2	4.4	7	7.8	
3	4.6	7	7.8	
4	4.1	6.8	8.5	
5	3.8	6.4	8.6	9.8
6	3.2	6.4	10	10.4
7	3.5	4.6	10.2	10.5
8	3.5	5.2	10.8	11.6

国际市场				
年份	P1	P2	P3	P4
1	14	2	1	
2	16	3	1	
3	18	6	1	
4	21	7		
5	28	9		
6	21	12	7	
7	16	13	11	4
8	15	12	7	6

国际市场				
年份	P1	P2	P3	P4
1	5	7	8	
2	5	7	8	
3	5.5	6.9	8	
4	4.9	6.9		
5	5.5	6.8		
6	5.9	6.7	8.6	
7	4.2	8.5	8.7	8.7
8	4.3	7.8	8.9	9.8

注：数据有填充色。有 ISO 要求的订单，填充色越深，表明 ISO 要求的订单越多。

C-3 4年市场需求量及价格预测表

P系列产品需求量预测

本地市场

年份	P1	P2	P3	P4
1	23	18	10	
2	22	20	11	
3	20	24	18	8
4	15	19	23	10

区域市场

年份	P1	P2	P3	P4
1	6	13	7	
2	7	17	10	5
3	8	13	13	7
4	6	13	14	10

国内市场

年份	P1	P2	P3	P4
1	17	15	7	
2	16	20	7	
3	17	18	15	4
4	11	15	17	7

亚洲市场

年份	P1	P2	P3	P4
1	14	12	6	
2	15	20	11	
3	15	18	15	5
4	12	17	18	9

国际市场

年份	P1	P2	P3	P4
1	18	6	1	
2	21	7		
3	28	9		
4	21	12	7	

P系列产品价格预测

本地市场

年份	P1	P2	P3	P4
1	4.9	7.8	7.8	
2	4.2	8	8	
3	4.2	7.1	8.4	9.3
4	3.6	6.3	9	10

区域市场

年份	P1	P2	P3	P4
1	4.5	8	8	
2	4.9	7.4	7.8	8.8
3	4.8	6.3	9.2	9.2
4	4.6	7.2	9	10

国内市场

年份	P1	P2	P3	P4
1	4.9	8.3	8.2	
2	4.3	8	8.6	
3	4	7.2	8.6	9.8
4	3.7	5.9	9.3	10

亚洲市场

年份	P1	P2	P3	P4
1	4.6	7	7.8	
2	4.1	6.8	8.5	
3	3.8	6.4	8.6	9.8
4	3.2	6.4	10	10.4

国际市场

年份	P1	P2	P3	P4
1	5.5	6.9	8	
2	4.9	6.9		
3	5.5	6.8		
4	5.9	6.7	8.6	

注：数据有填充色。有ISO要求的订单,填充色越深,表明ISO要求的订单越多。

附录D 沙盘规则汇总

D-1 ERP沙盘模拟经营规则（6～8年）

1. 市场预测

市场预测见附录C-1（6年市场需求量及价格预测图）和C-2（8年市场需求量及价格预测表）。

2. 产品研发投资

产品	P2	P3	P4
研发时间	5Q	5Q	5Q
研发投资	5M	10M	15M

注：新产品研发和投资可以同时进行，按季度平均支付或延期，资金短缺时可以中断，但必须完成投资后方可接单生产。研发投资计入综合费用，研发投资完成后持全部投资换取产品生产资格证。

3. 市场开拓投资

（1）市场准入投资。

市场	开拓费用	持续时间
区域	1M	1年
国内	2M	2年
亚洲	3M	3年
国际	4M	4年

注：市场开发投资按年度支付，允许同时开发多个市场，但每个市场每年最多投资为1M，不允许加速投资，但允许中断。市场开发完成后持开发费用到指导教师处领取市场准入证，之后才允许进入该市场选单。研发投资计入当年综合费用。

（2）市场认证投资。

管理体系	ISO 9000	ISO 1400
认证时间	2年	3年
所需投资	1M/年	1M/年

注：两项认证投资可同时进行或延期，相应投资完成后领取ISO资格。认证投资计入当年综合费用。

4. 资金筹集

贷款类型	时间	最大额度	年利息率	还本付息时间	贷/息
长期贷款5年	年末	上年权益2倍	10%	年底付息,到期还本	20M/2M
短期贷款1年	季初	上年权益2倍	5%	到期还本付息	20M/1M
紧急贷款	季初	无	20%	到期还本付息	20M/4M
资金贴现	随时	视收款额	1/7	变现付息	6M/1M

注：①长期贷款每年必须归还利息,到期还本。本利双清后,如果还有额度时,才允许重新申请贷款。即：如果有贷款需要归还,同时还拥有贷款额度时,必须先归还到期的贷款,然后才能申请新贷款,不能以新贷还旧贷(续贷)。短期贷款也按本规定执行。

②长期贷款、短期贷款、紧急贷款数额只能是20的整数倍。

③资金贴现要求贴现的应收款数额为7的整数倍。

5. 生产线投资

生产线	买价	安装周期	生产周期	转产周期	转产费	维护费	出售残值
手工生产线	5M	无	3Q	无	无	1M/年	1M
半自动生产线	8M	2Q	2Q	1Q	1M	1M/年	2M
全自动生产线	16M	4Q	1Q	2Q	4M	1M/年	4M
柔性生产线	20M	4Q	1Q	无	无	1M/年	6M

注：①所有生产线都能生产所有产品,所需支付的人工费均为1M。

②购买。投资新生产线时按安装周期平均支付投资,全部投资到位的下一季度领取产品标识,开始生产。

③转产。现有生产线转产新产品时可能需要一定转产周期并支付一定的转产费用,最后一笔支付到期一个季度后方可更换产品标识。

④维护。当年在建的生产线和当年出售的生产线不用交维护费。

⑤出售。出售变卖生产线时,生产线净值等于残值,将残值转换为现金,如果生产线净值大于残值,将按照当前净值的1/3向下取整计提固定资产处置净损失,计为费用处理(综合费用——其他),剩余部分转换为现金。

⑥折旧。每年按生产线净值的1/3向下取整计算折旧。当年建成的生产线不提折旧,当生产线净值小于3M时,每年提1M折旧,当生产线的净值等于残值时不提折旧。

6. 厂房投资

厂房	买价	租金	售价	容量
大厂房	40M	5M/年	40M(4Q)	6条生产线
小厂房	30M	3M/年	30M(4Q)	4条生产线

注：年底决定厂房是购买还是租赁,出售厂房计入4Q应收款,购买后将购买价放在厂房价值处,厂房不提折旧。

7.产品成本结构

产品	成本构成				总成本
P1	1M 人工	1R1			2M
P2	1M 人工	1R1	1R2		3M
P3	1M 人工	2R2	1R3		4M
P4	1M 人工	1R2	1R3	2R4	5M

8.订单规则

(1)订货会年初召开,一年只召开一次。广告费分市场、分产品投入,订单按市场、按产品发放。广告费每投入 1M,可获得一次拿单的机会,另外要获得下一张订单的机会,还需要再投入 2M。以此类推,每多投入 2M 就拥有多拿一张订单的机会。

(2)销售排名及"市场老大"规则。每年竞单完成后,根据某个市场的总订单销售额列出销售排名。排名第一的为"市场老大",下年该市场的选单排名排在第 1 位;如果"市场老大"出现该市场订单违约的情况,"市场老大"地位取消。

(3)有 ISO 9000 或 ISO 14000 要求的订单,在相应资格认证完成的基础上,当年市场上也要投入 1M 的广告费用,才有资格接相应的订单。选单的顺序和数量由对应产品的广告费决定。

(5)如果当年订单出现违约,把该订单移到下一年(加急订单移到后几个季度)优先交货,订单销售额扣减 1/4 作为违约金。

9.税金

税前利润 1/3 向下取整交税,如果往年有亏损,须弥补亏损后再按交税规格交税。所有的税金计入当年负债,下年年初从现金中正式缴纳。

10.破产规则

任一经营期内,当所有者权益小于零(资不抵债)或现金断流时判定为破产。破产后,企业(对应的组)直接退出。

D-2 创业沙盘模拟经营规则(6~8年)

1. 企业初始状况

资产负债表 单位:百万

资产	期初数	期末数	负债和所有者权益	期初数	期末数
流动资产:			负债:		
现金	60		长期负债	0	
应收款	0		短期负债	0	
在制品	0		紧急贷款	0	
成品	0		应付款	0	
原料	0		应交税金	0	
流动资产合计	60		负债合计	0	
固定资产:			所有者权益:		
土地和建筑	0		股东资本	60	
机器与设备	0		利润留存	0	
在建工程	0		年度净利	0	
固定资产合计	0		所有者权益合计	60	
资产总计	60		负债和所有者权益总计	60	

企业运营流程表的变化:将"支付利息/更新长期贷款/申请长期贷款"和"购买厂房/支付租金"两项由年底调整到年初进行操作。

2. 市场预测

市场预测见附录C-1(6年市场需求量及价格预测图)和C-2(8年市场需求量及价格预测表)。

3. 产品研发投资(季度)

产品	P1	P2	P3	P4
研发时间	已完成	2Q	2Q	2Q
研发投资	已完成	4M(2M/Q)	6M(3M/Q)	8M(4M/Q)

4. 市场开拓/认证投资(年末)

(1)市场准入投资。

市场	开拓费用	持续时间
本地		已完成
区域		已完成
国内	1M	1年(1M/年)
亚洲	2M	2年(1M/年)
国际	3M	3年(1M/年)

（2）市场认证投资。

管理体系	ISO 9000	ISO 14000
认证时间	2年	3年
所需投资	2M（1M/年）	3M（1M/年）

5. 资金筹集

贷款类型	时间	最大额度	年利息率	还本付息时间	贷/息
长期贷款5年	年初	上年权益2倍	10%	年底付息，到期还本	20M/2M
短期贷款1年	季初	上年权益2倍	5%	到期还本付息	20M/1M
紧急贷款	季初	无	季息利率5%	还本之前，每期支付利息	20M/1M/每季度
资金贴现	随时	视收款额	1/7	变现付息	6M/1M

注：如果当期有贷款需要归还，同时拥有贷款额度，则必须先归还到期的贷款，然后才能申请新贷款。所有贷款只能是20的倍数，应收款贴现只能是7的倍数。

6. 生产线投资

生产线	买价	安装周期	生产周期	转产周期	转产费	维护费	出售残值
手工生产线	5M	无	3Q	无	无	1M/年	1M
半自动生产线	8M	1Q	2Q	1Q	1M	1M/年	2M
全自动生产线	16M	2Q	1Q	2Q	4M	1M/年	4M
柔性生产线	20M	2Q	1Q	无	无	1M/年	6M

注：①所有生产线都能生产所有产品，所需支付的人工费均为1M。

②购买。投资新生产线时按安装周期平均支付投资。全部投资到位的下一季度初领取生产线和产品标识，开始生产。

③维护。当年在建（或未使用）的生产线和当年出售的生产线不用交维护费。

④出售。出售生产线时，如果生产线净值等于残值，将残值转换为现金，如果生产线净值大于残值，则按照当前净值的1/4向下取整计提固定资产处置净损失，计为费用处理（综合费用——其他），剩余部分转换为现金。

⑤折旧。每年按生产线净值的1/4向下取整计算折旧。当年建成的生产线不提折旧。当生产线净值小于4M时，每年提1M折旧。当生产线的净值等于残值时不提折旧。

7. 厂房投资

厂房	买价	租金	售价	容量
大厂房	40M	5M/年	40M	6条生产线
小厂房	30M	3M/年	30M	4条生产线

注：年初决定厂房是购买还是租赁。出售厂房直接计入现金，购买后将购买价放在厂房价值处。厂房不提折旧。

8.产品生产成本结构

产品	成本构成				总成本
P1	1M 人工	1R1			2M
P2	1M 人工	1R1	1R2		3M
P3	1M 人工	2R2	1R3		4M
P4	1M 人工	1R2	1R3	2R4	5M

9.订单规则

同"附录 D-1 ERP 沙盘模拟经营规则（6~8 年）"中的订单规则。

10.税金

税前利润 1/4 向下取整交税，如果往年有亏损，须弥补亏损后再按交税规格交税。所有的税金当年计入负债，下年年初从现金中正式缴纳。

11.破产规则

任一经营期内，当所有者权益小于零（资不抵债）或现金断流时判定企业破产。破产后，企业（对应的组）直接退出。

D-3 创业沙盘模拟经营规则(4年)

1.企业初始状况

资产负债表　　　　　　　　　　　　　　　　　　　　　　　　　　单位:百万

资产	期初数	期末数	负债和所有者权益	期初数	期末数
流动资产:			负债:		
现金	50		长期负债	0	
应收款	0		短期负债	0	
在制品	0		紧急贷款	0	
成品	0		应付款	0	
原料	0		应交税金	0	
流动资产合计	50		负债合计	0	
固定资产:			所有者权益:		
土地和建筑	0		股东资本	50	
机器与设备	0		利润留存	0	
在建工程	0		年度净利	0	
固定资产合计	0		所有者权益合计	50	
资产总计	50		负债和所有者权益总计	50	

企业运营流程表的变化:将"支付利息/更新长期贷款/申请长期贷款"和"购买厂房/支付租金"两项由年底调整到年初进行操作。

2.市场预测

市场预测具体见附录C-3(4年市场需求量及价格预测表)。

3.产品研发投资(季度)

产品	P1	P2	P3	P4
研发时间	已完成	2Q	2Q	2Q
研发投资	已完成	4M(2M/Q)	6M(3M/Q)	8M(4M/Q)

4.市场开拓/认证投资(年末)

(1)市场准入投资。

市场	开拓费用	持续时间
本地		已完成
区域		已完成
国内	1M	1年(1M/年)
亚洲	2M	2年(1M/年)
国际	3M	3年(1M/年)

(2)市场认证投资。

管理体系	ISO 9000	ISO 14000
认证时间	1年	1年
所需投资	1M/年	1M/年

5. 资金筹集

贷款类型	时间	最大额度	年利息率	还本付息时间	贷/息
长期贷款3年	年初	上年权益2倍	10%	年底付息,到期还本	20M/2M
短期贷款1年	季初	上年权益2倍	5%	到期还本付息	20M/1M
紧急贷款	季初	无	20%	到期还本付息	20M/4M
资金贴现	随时	视收款额	1/7	变现付息	6M/1M

注:如果当期有贷款需要归还,同时拥有贷款额度,则必须先归还到期的贷款,然后才能申请新贷款。所有贷款只能是20的倍数,应收款贴现只能是7的倍数。

6. 生产线投资

生产线	买价	安装周期	生产周期	转产周期	转产费	维护费	出售残值
手工生产线	5M	无	3Q	无	无	1M/年	1M
半自动生产线	8M	1Q	2Q	1Q	1M	1M/年	2M
全自动生产线	16M	2Q	1Q	2Q	4M	1M/年	4M
柔性生产线	20M	2Q	1Q	无	无	1M/年	6M

注:①所有生产线都能生产所有产品,所需支付的人工费均为1M。

②购买。投资新生产线时按安装周期平均支付投资。全部投资到位的下一季度初领取生产线和产品标识,开始生产。

③维护。当年在建(或未使用)的生产线和当年出售的生产线不用交维护费。

④出售。出售生产线时,生产线净值等于残值,将残值转换为现金,如果生产线净值大于残值,将按照当前净值的1/4向下取整计提固定资产处置净损失,计为费用处理(综合费用——其他),剩余部分转换为现金。

⑤折旧。每年按生产线净值的1/4向下取整计算折旧,当年建成的生产线不提折旧。当生产线净值小于4M时,每年提1M折旧。生产线的净值等于残值时不提折旧。

7. 厂房投资

厂房	买价	租金	售价	容量
大厂房	40M	5M/年	40M	6条生产线
小厂房	30M	3M/年	30M	4条生产线

注:年初决定厂房是购买还是租赁。出售厂房直接计入现金,购买后将购买价放在厂房价值处。厂房不提折旧。

8. 产品生产成本结构

产品	成本构成				总成本
P1	1M人工	1R1			2M
P2	1M人工	1R1	1R2		3M
P3	1M人工	2R2	1R3		4M
P4	1M人工	1R2	1R3	2R4	5M

9. 订单规则

同"附录 D-1　ERP 沙盘模拟经营规则(6~8 年)"中的订单规则。

10. 税金

税前利润 1/4 向下取整交税。如果往年有亏损,须弥补亏损后再按交税规格交税。所有的税金当年计入负债,下年年初从现金中正式缴纳。

11. 破产规则

任一经营期内,当所有者权益小于零(资不抵债)或现金断流时判定企业破产。破产后,企业(对应的组)直接退出。

参考文献

[1] 王新玲.ERP沙盘模拟实训教程[M].北京:清华大学出版社,2017.
[2] 史恭龙,王媛.ERP沙盘模拟实训教程[M].北京:机械工业出版社,2021.
[3] 陈明,张健.ERP沙盘模拟实训教程[M].北京:化学工业出版社,2009.
[4] 陈智崧.ERP沙盘推演指导教程[M].北京:清华大学出版社,2019.